PER BAMBINI CREATIVI

IL LIBRO
DA COLORARE

QUESTO LIBRO APPARTIENE A

_____

JOLEE'S
BOOKS

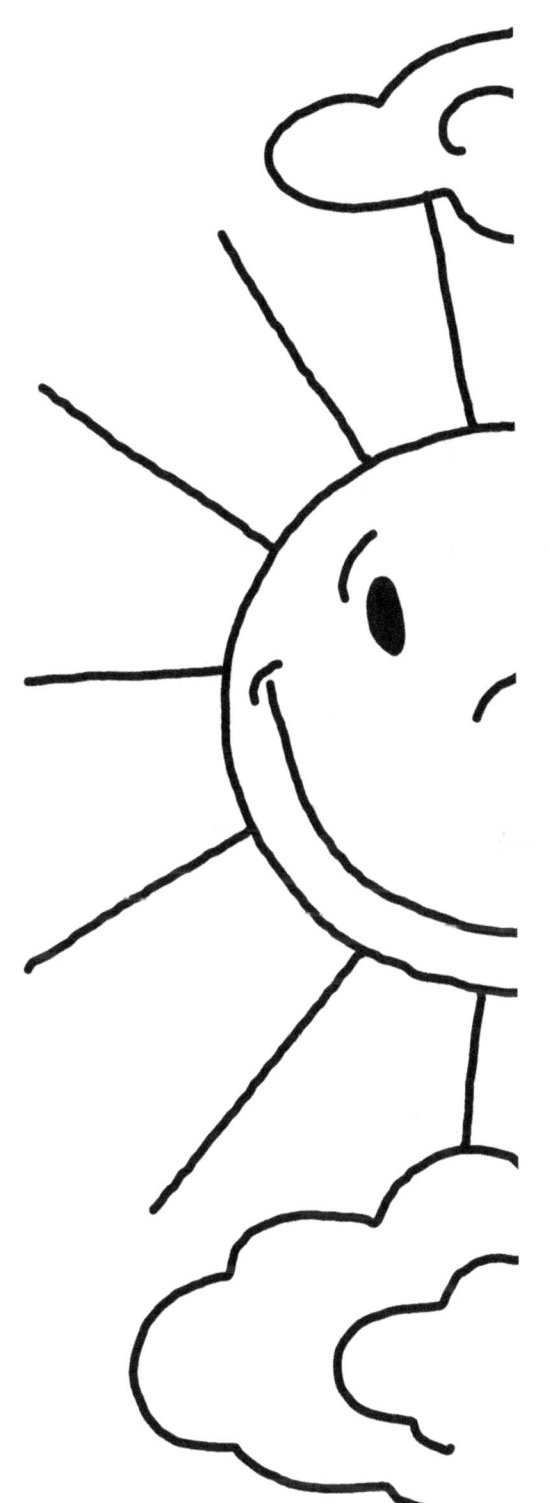

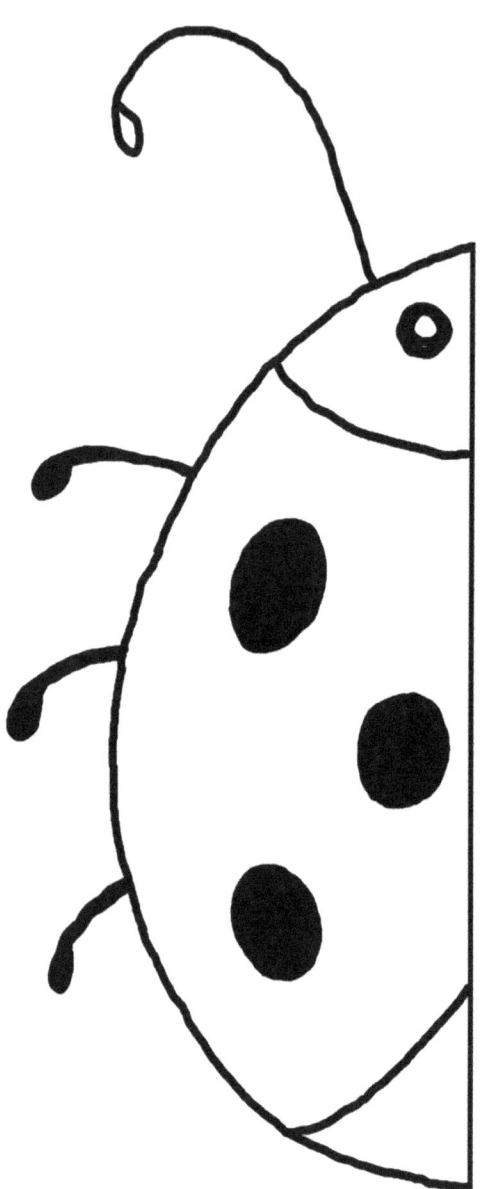

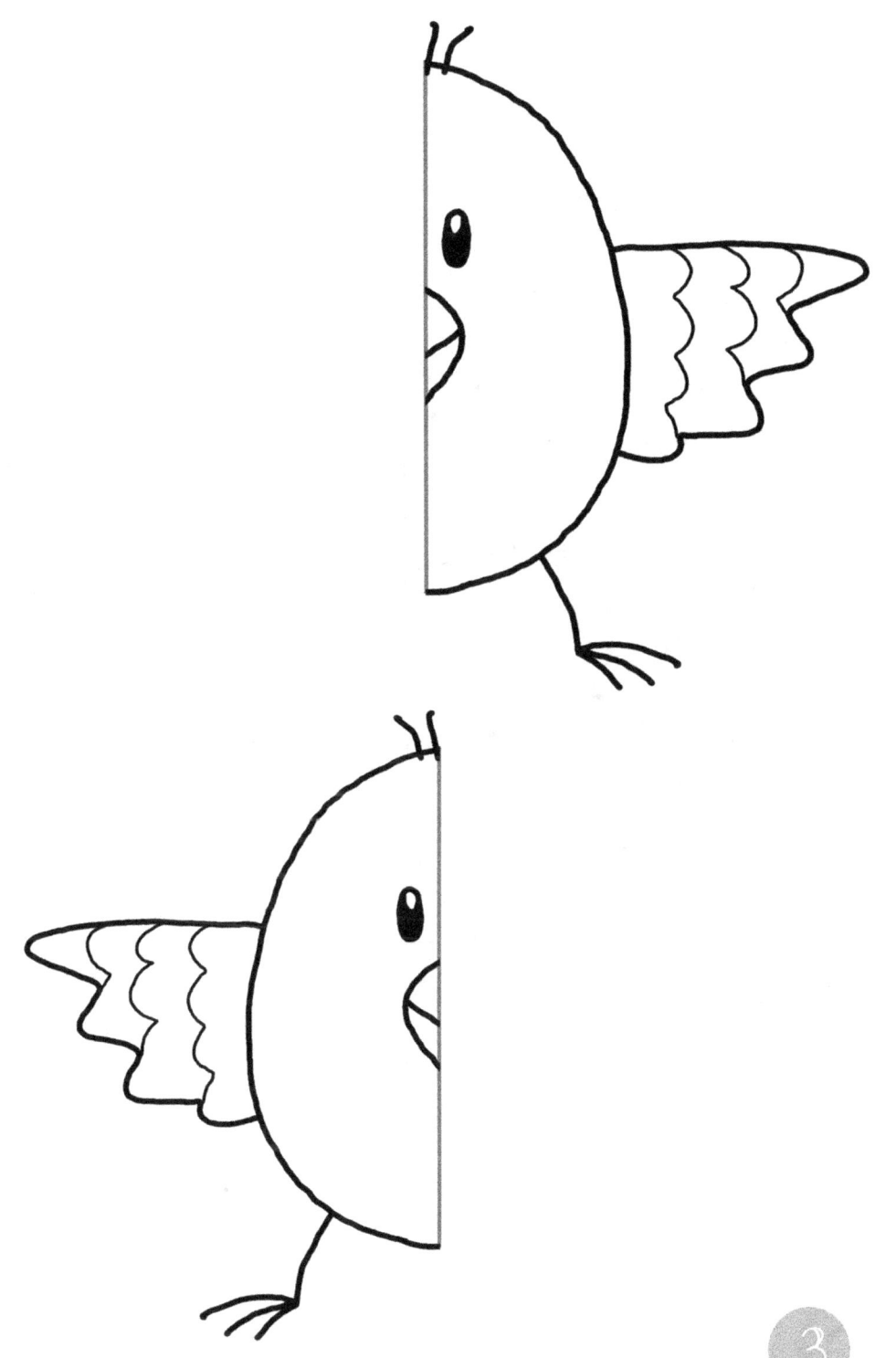

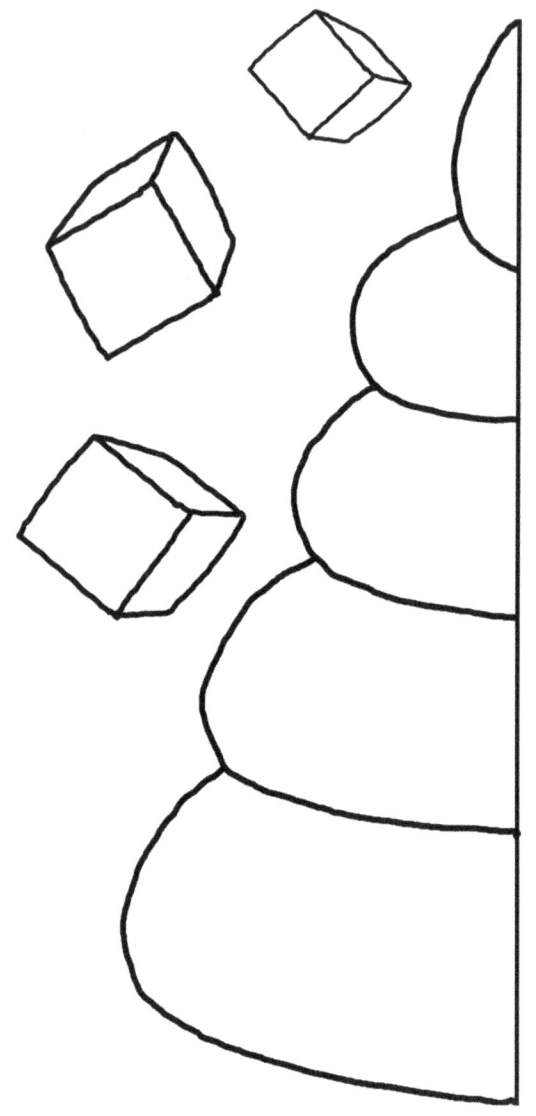

COLLEGA I PUNTI IN ORDINE

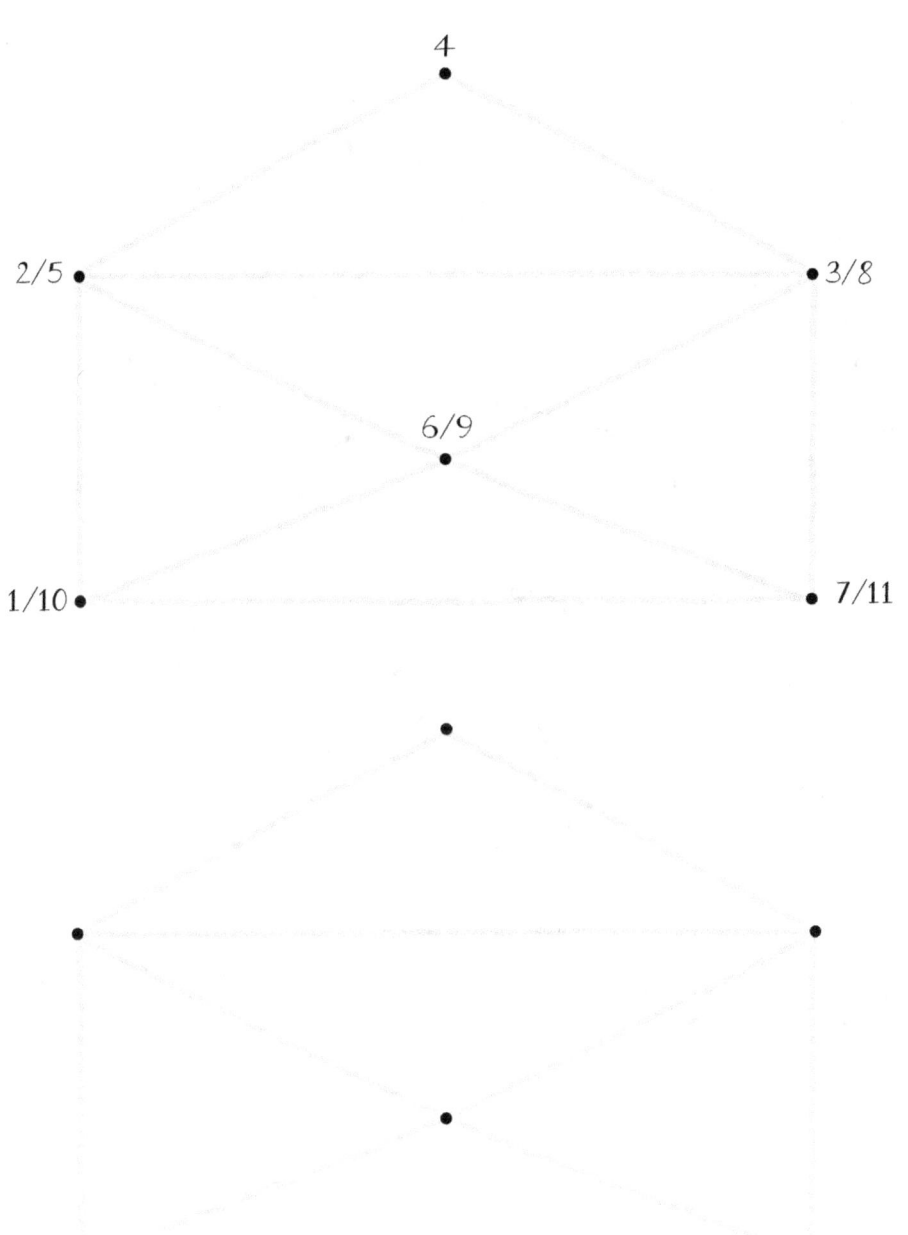

TROVA LA TUA SOLUZIONE

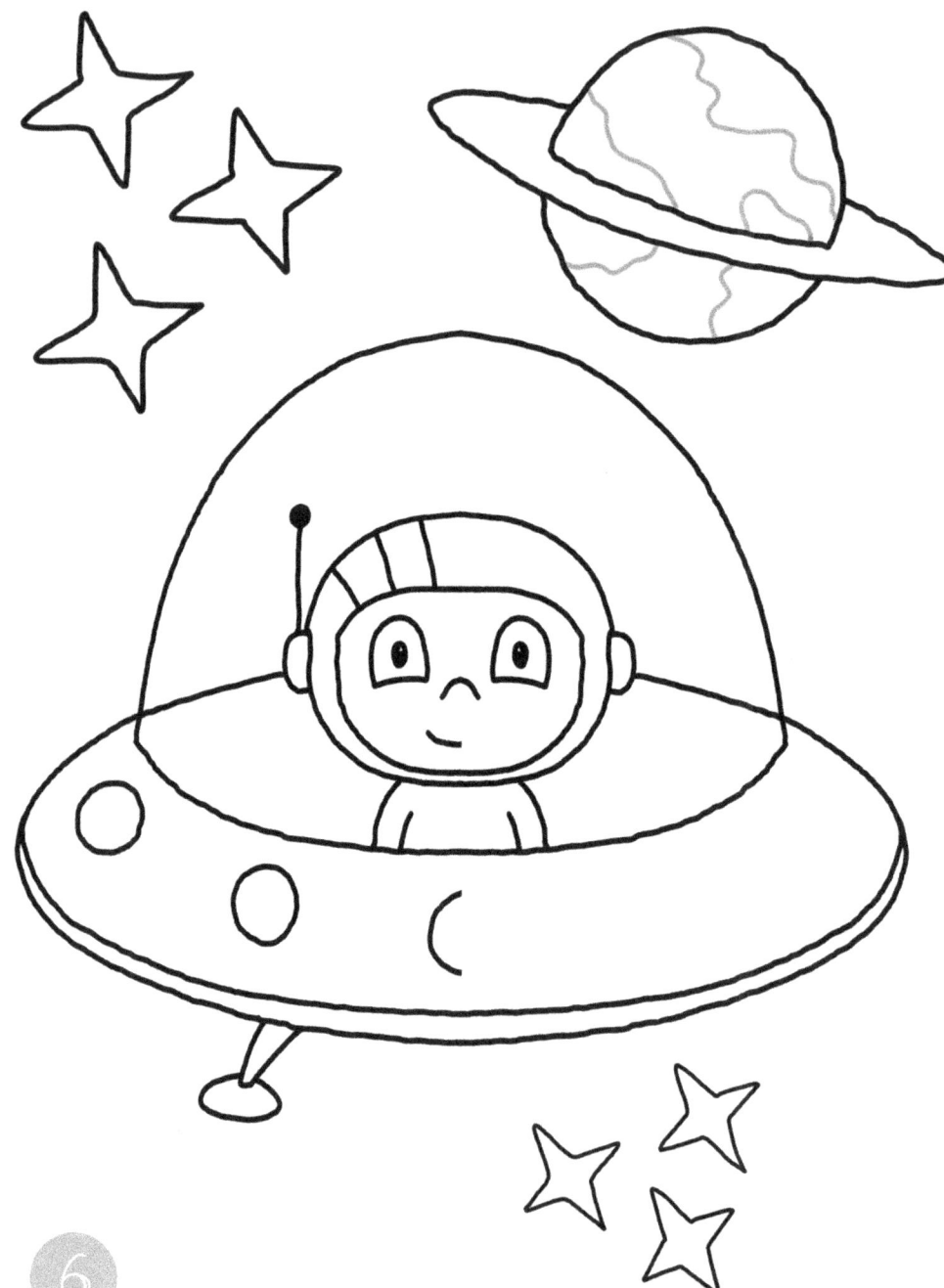

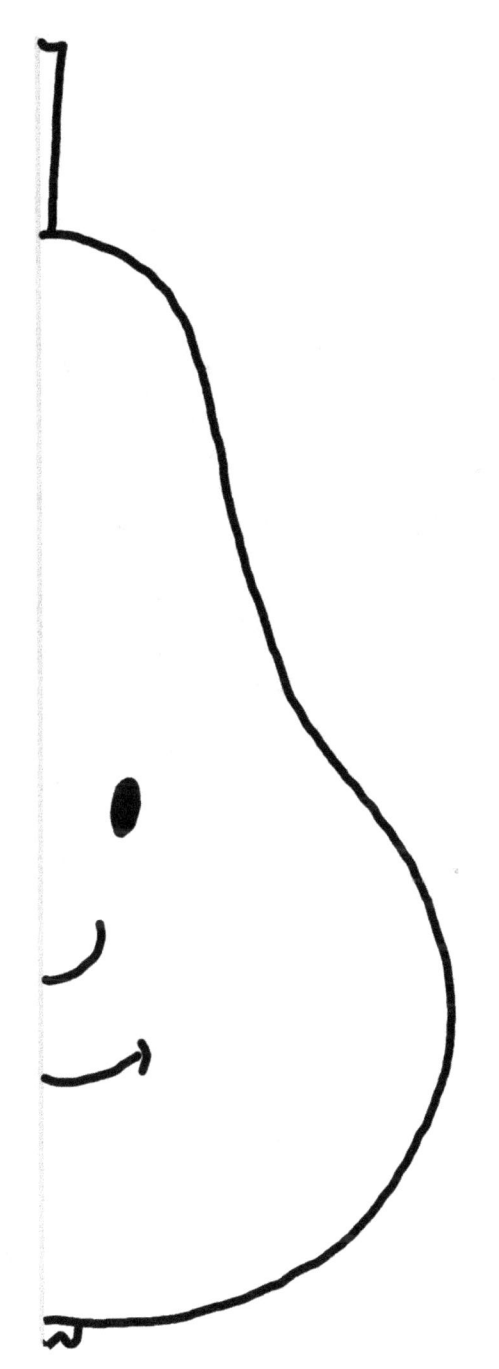

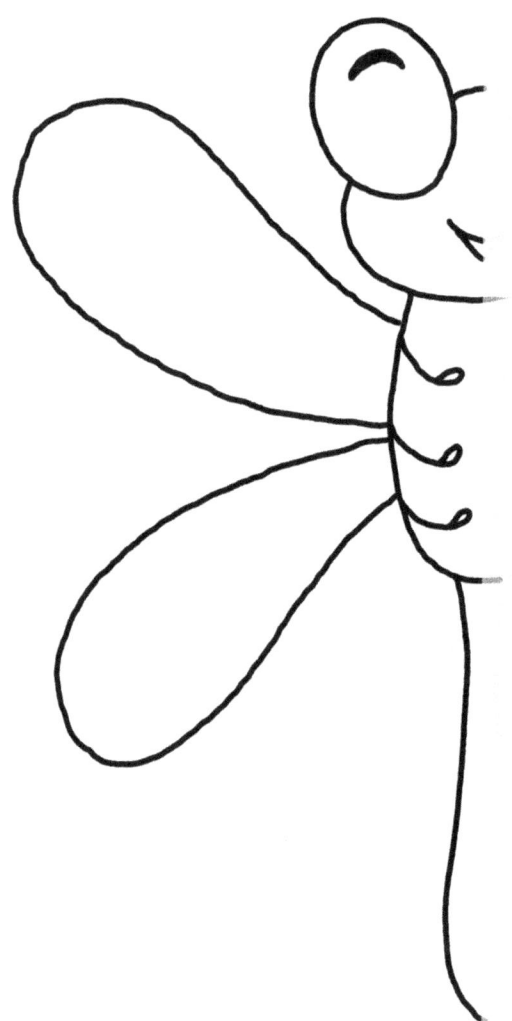

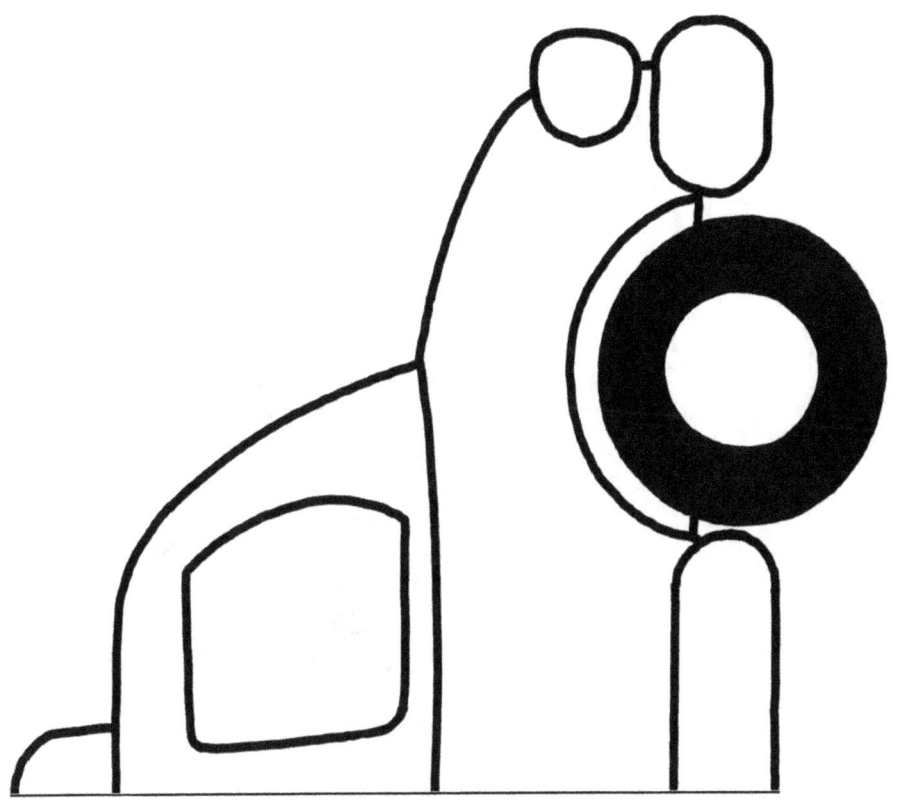

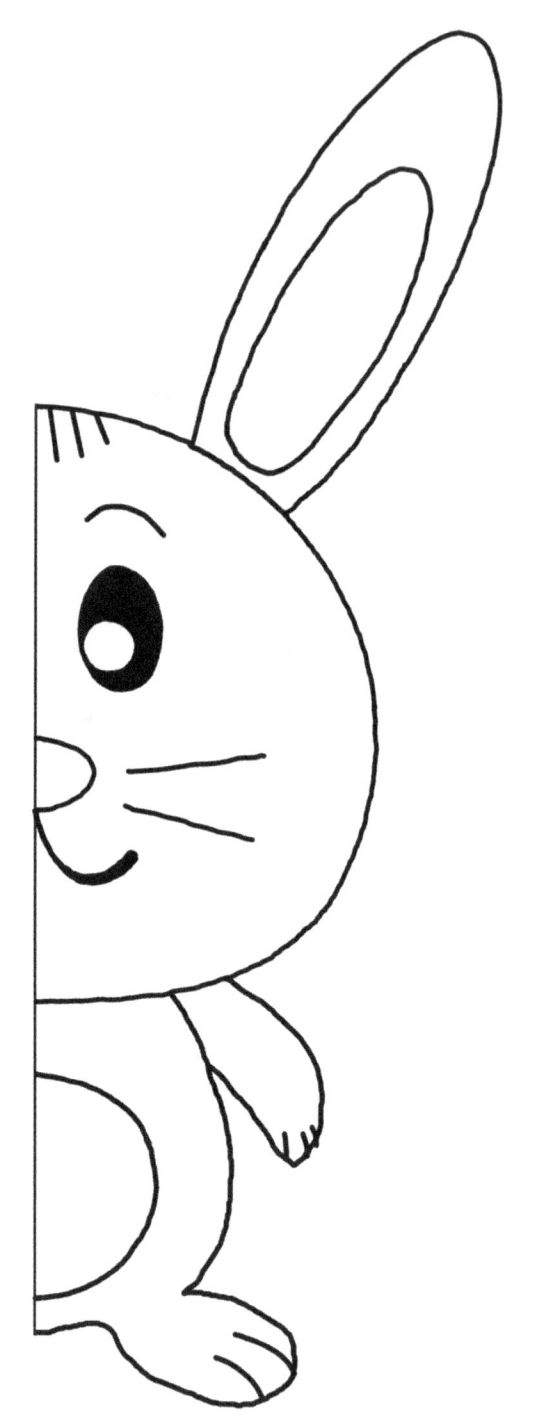

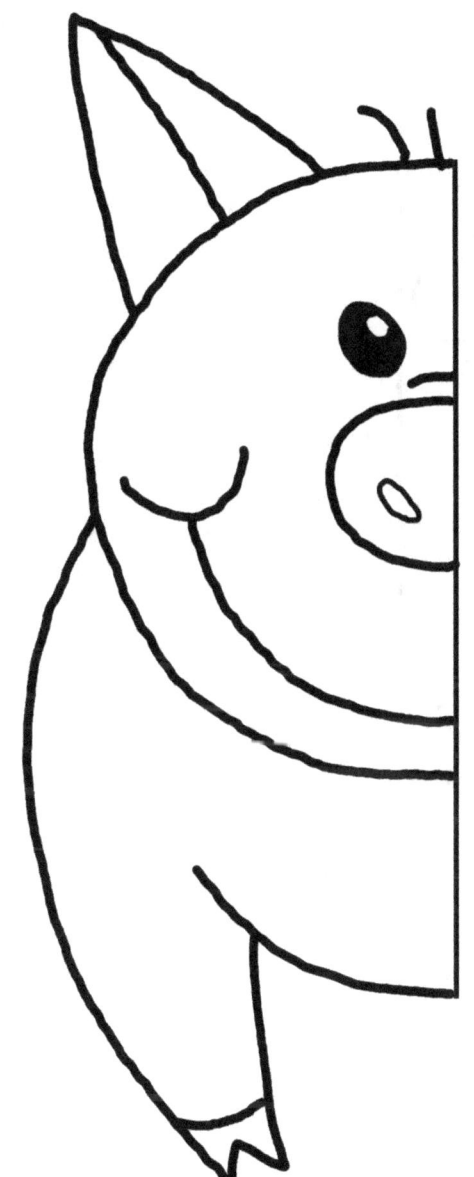

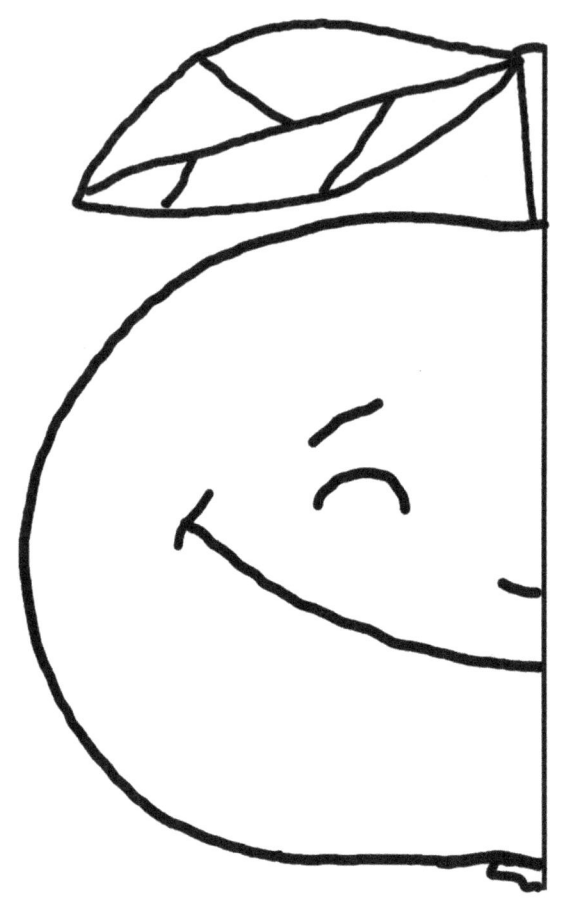

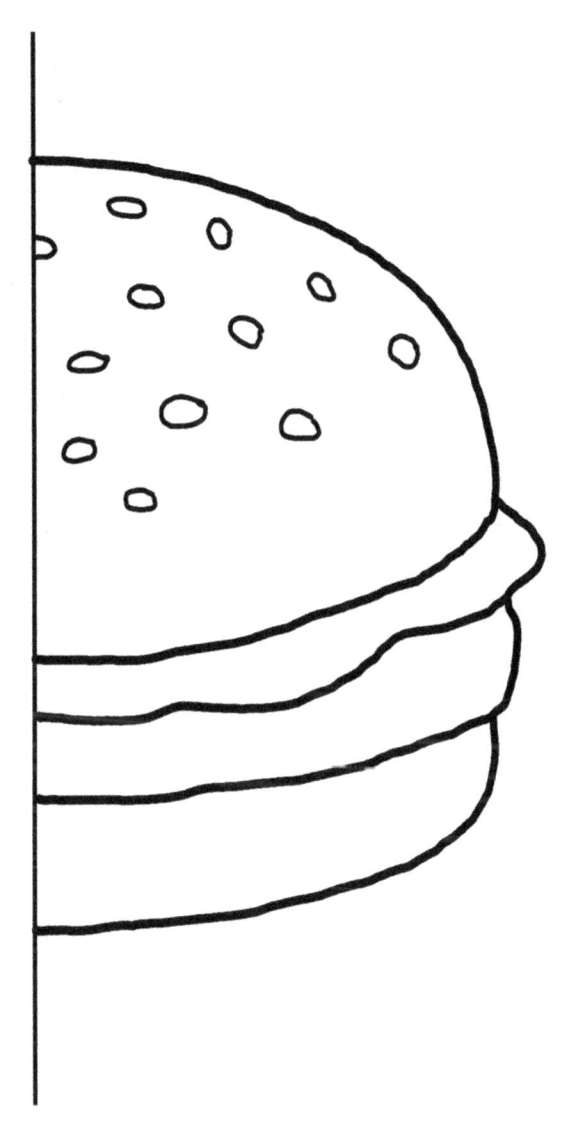

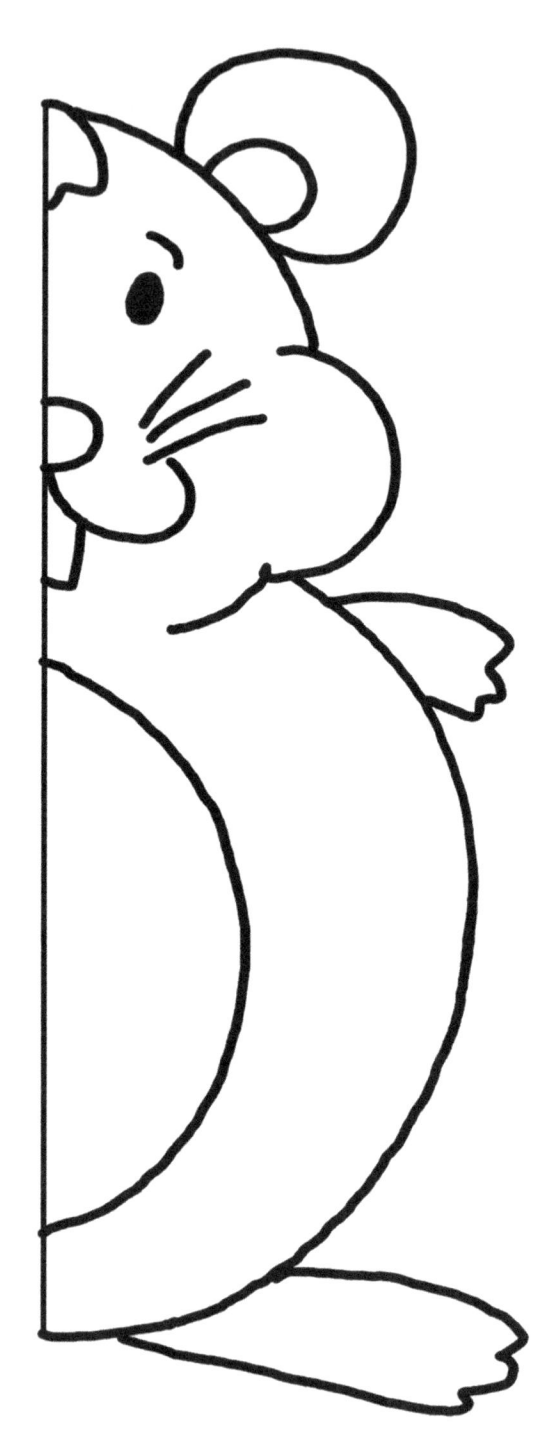

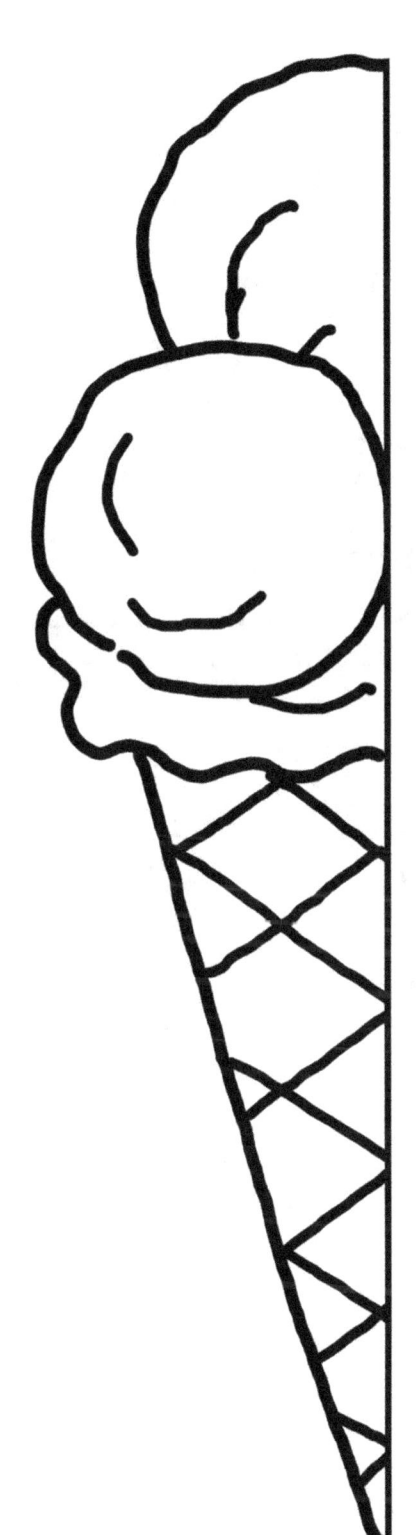

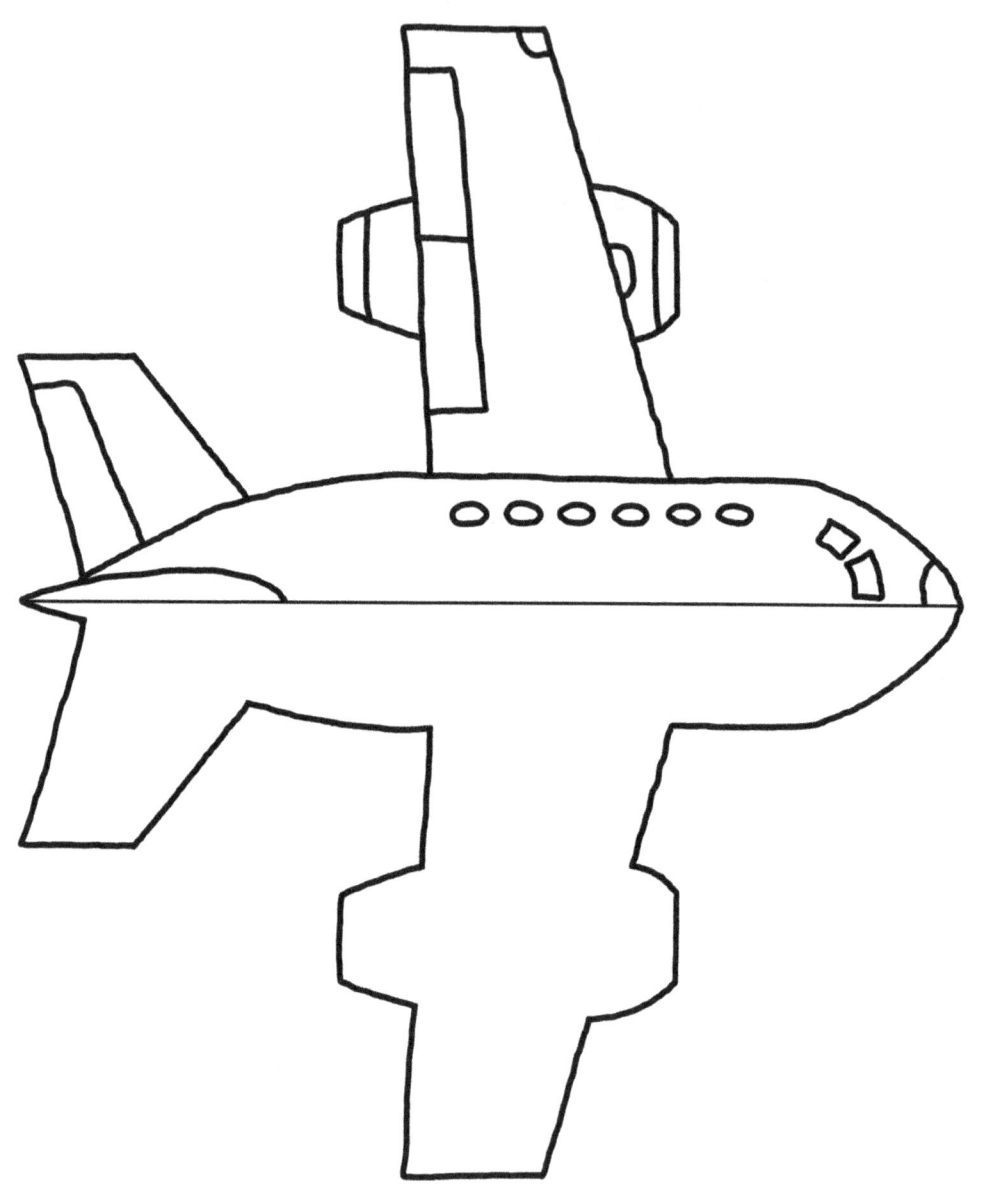

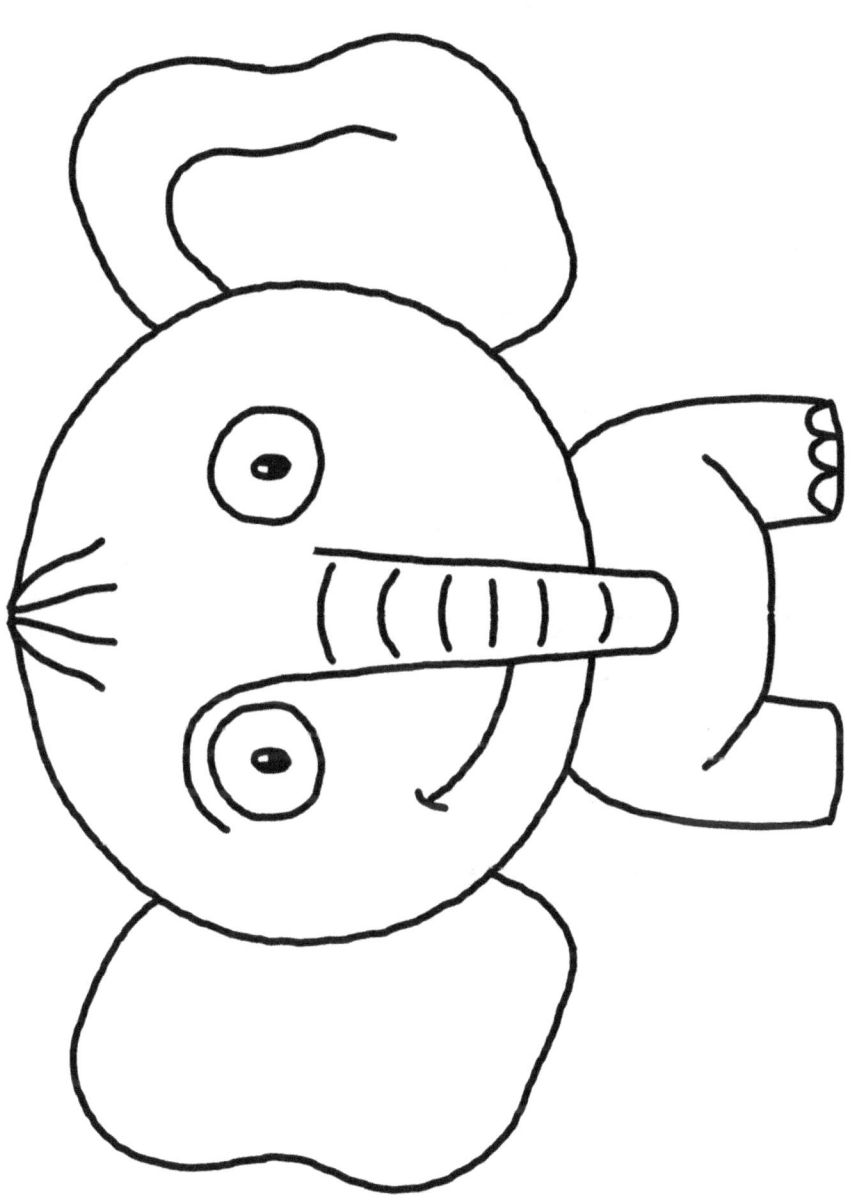

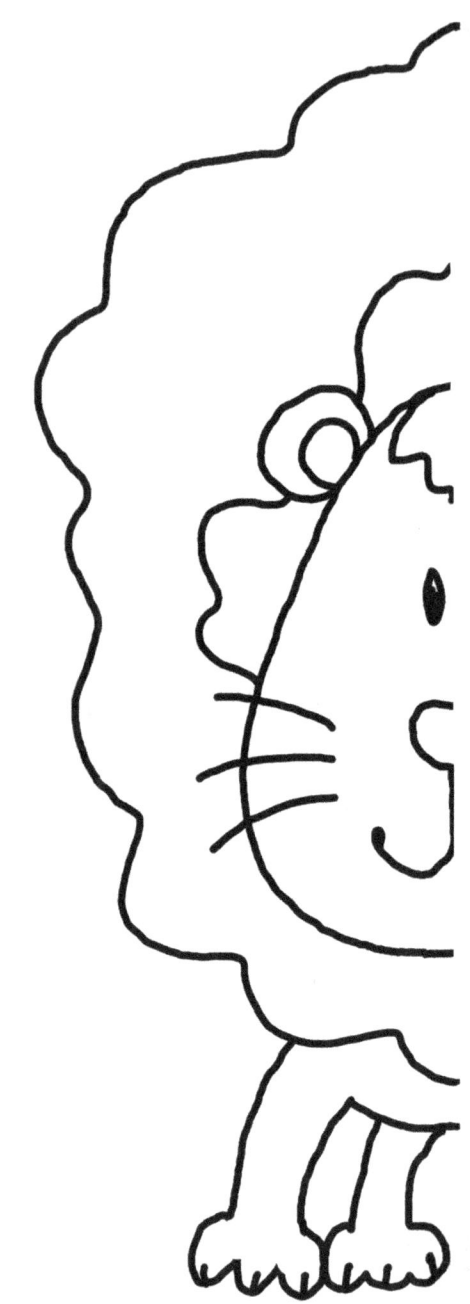

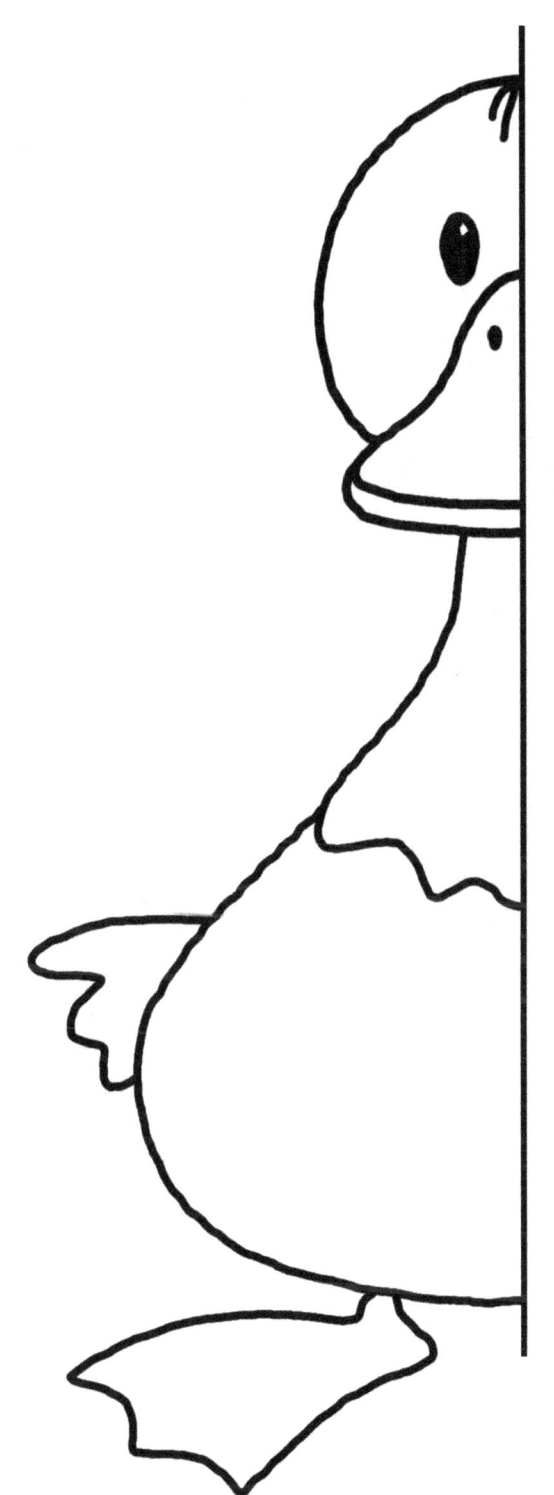

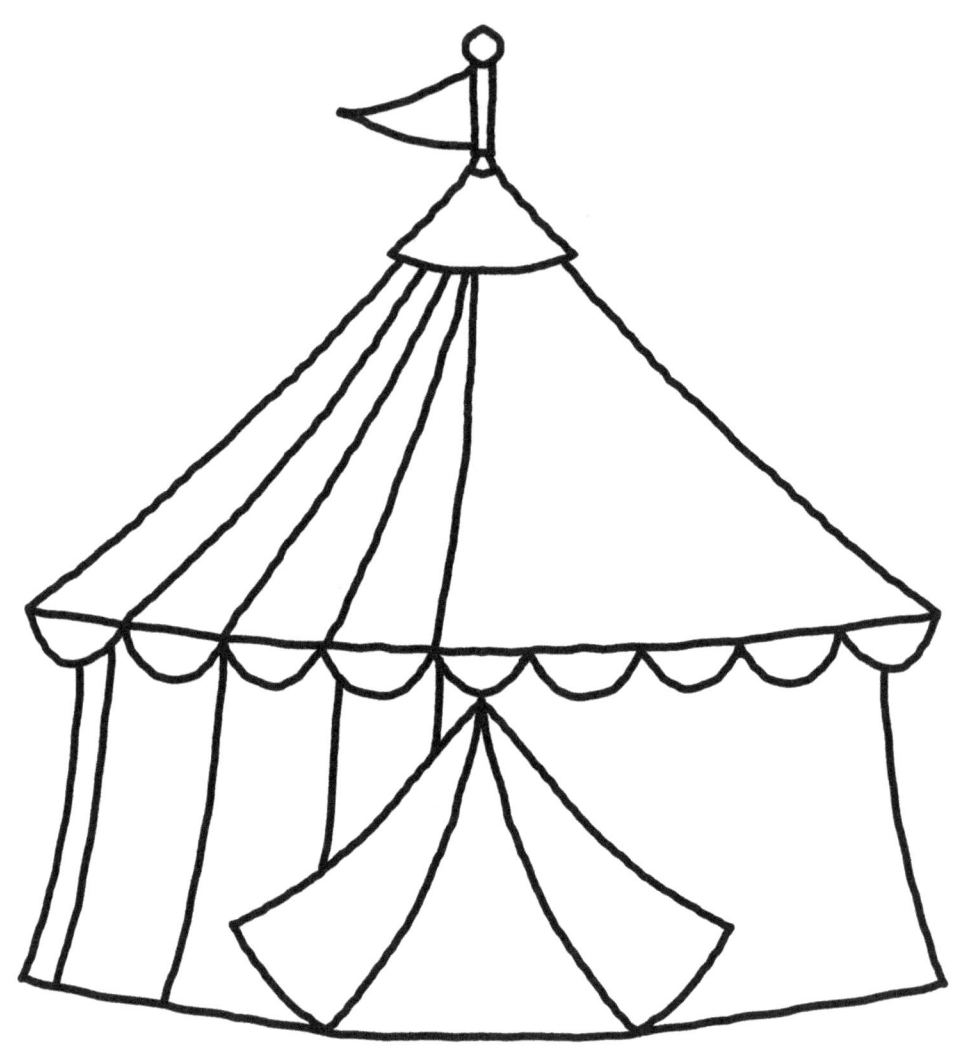

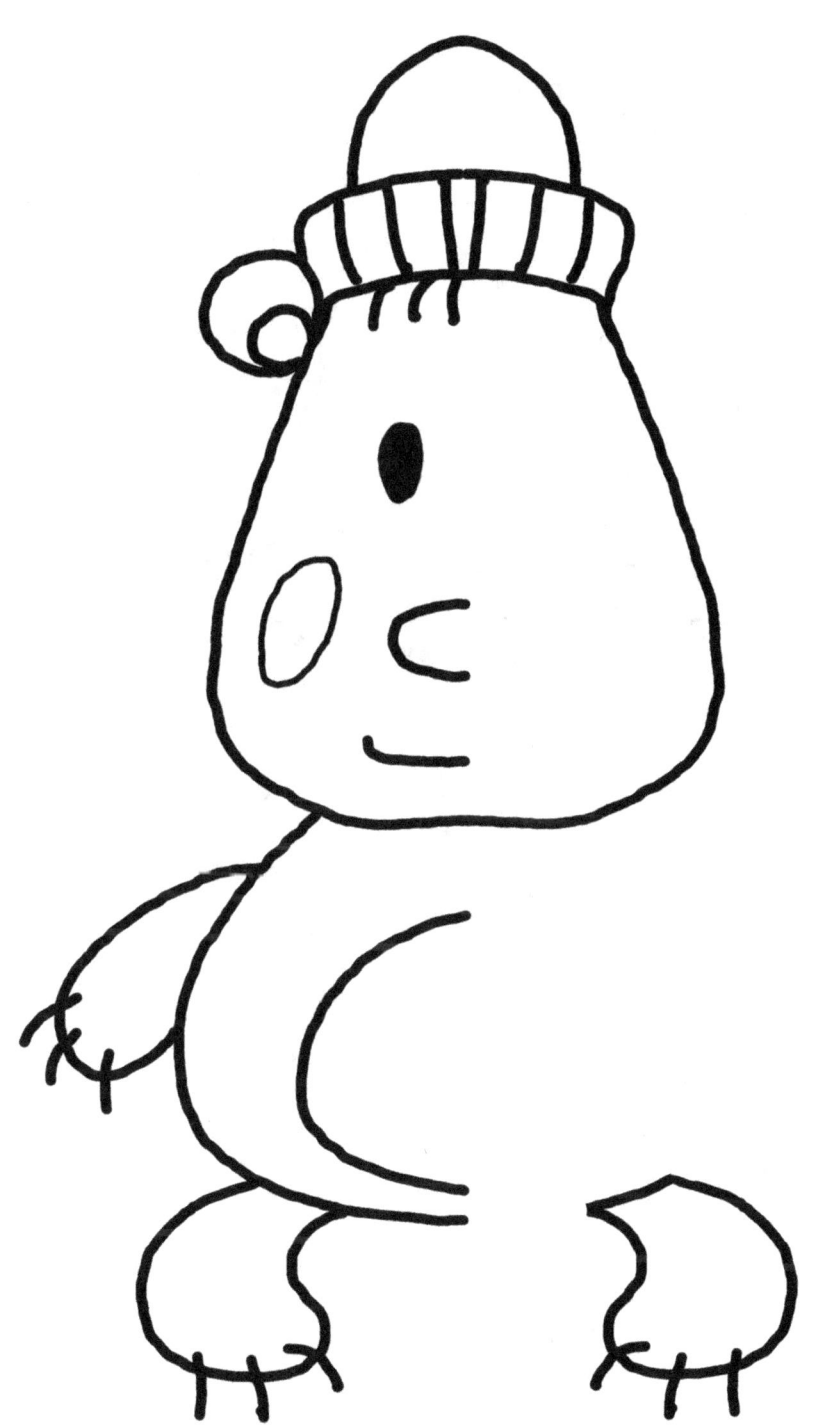

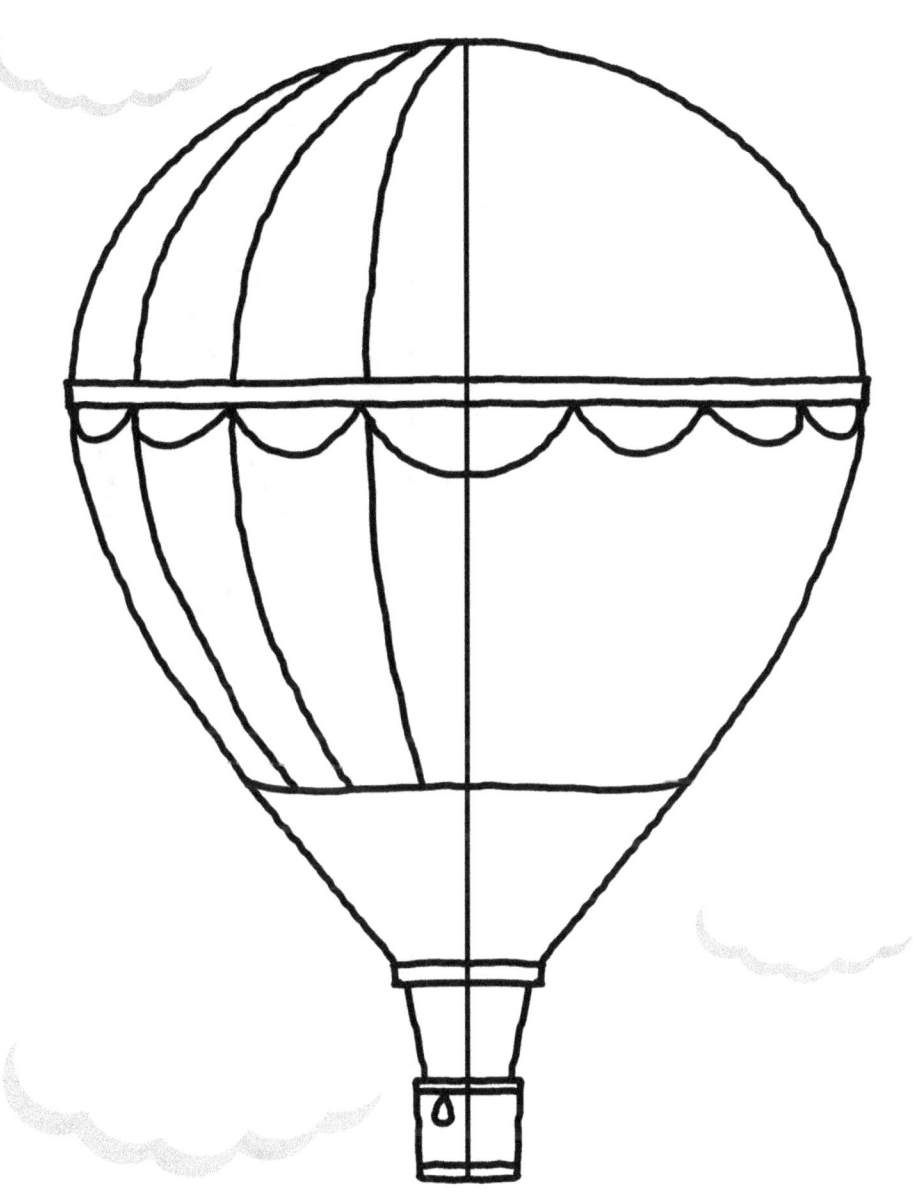

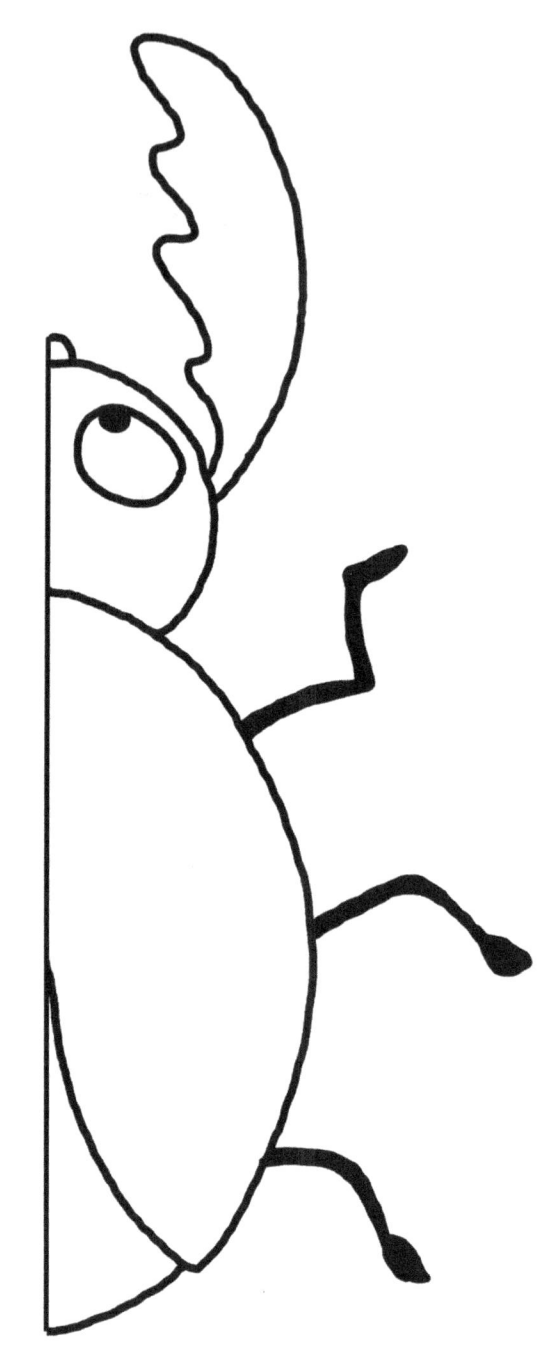

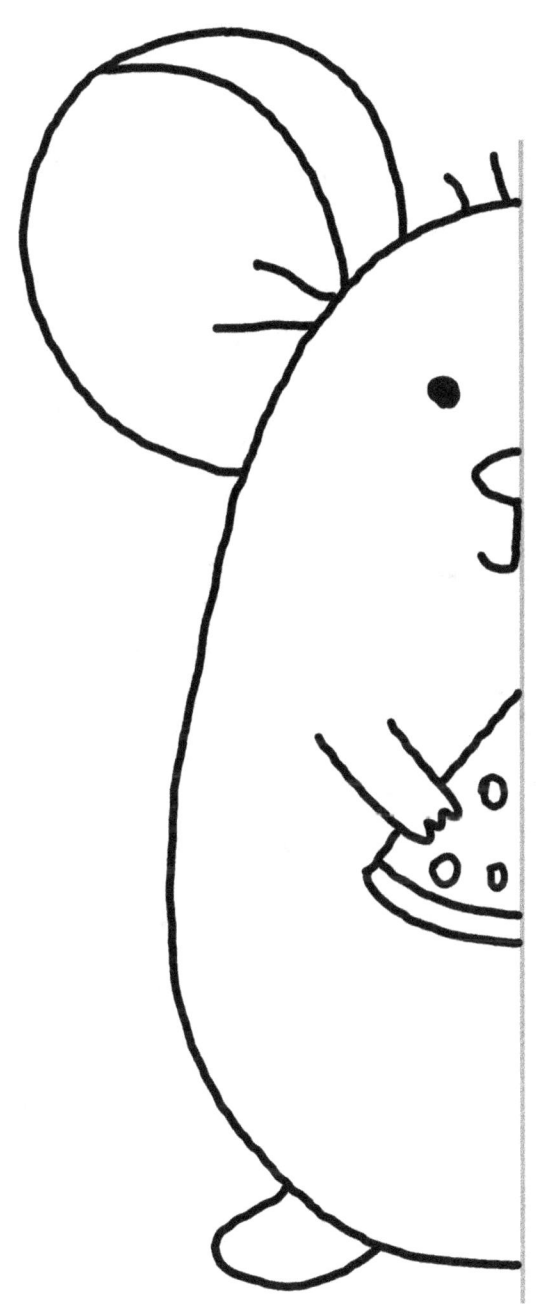

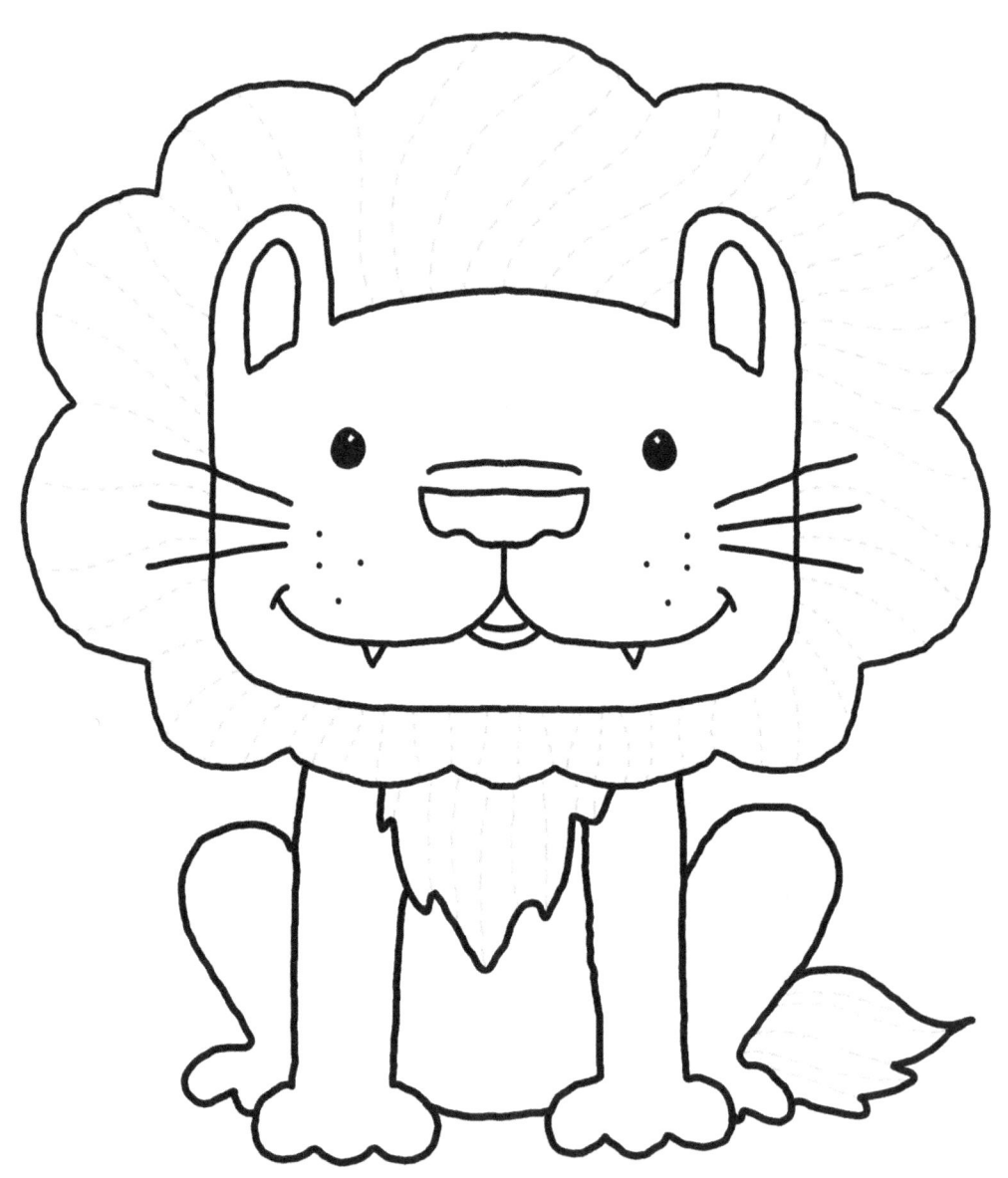

IL COSTRUTTORE HA PERSO LE SUE COSE. AIUTALO A TROVARLI.

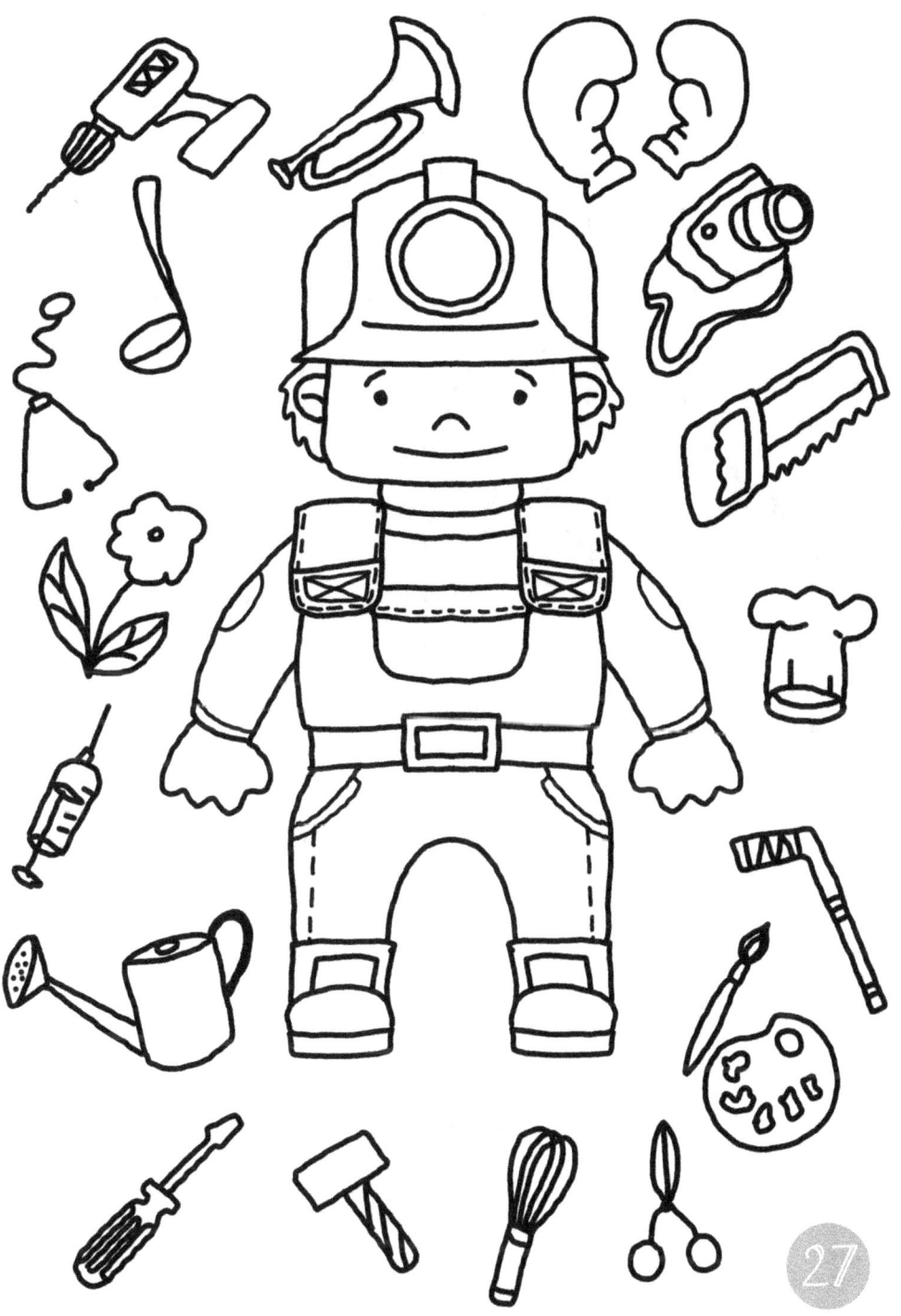

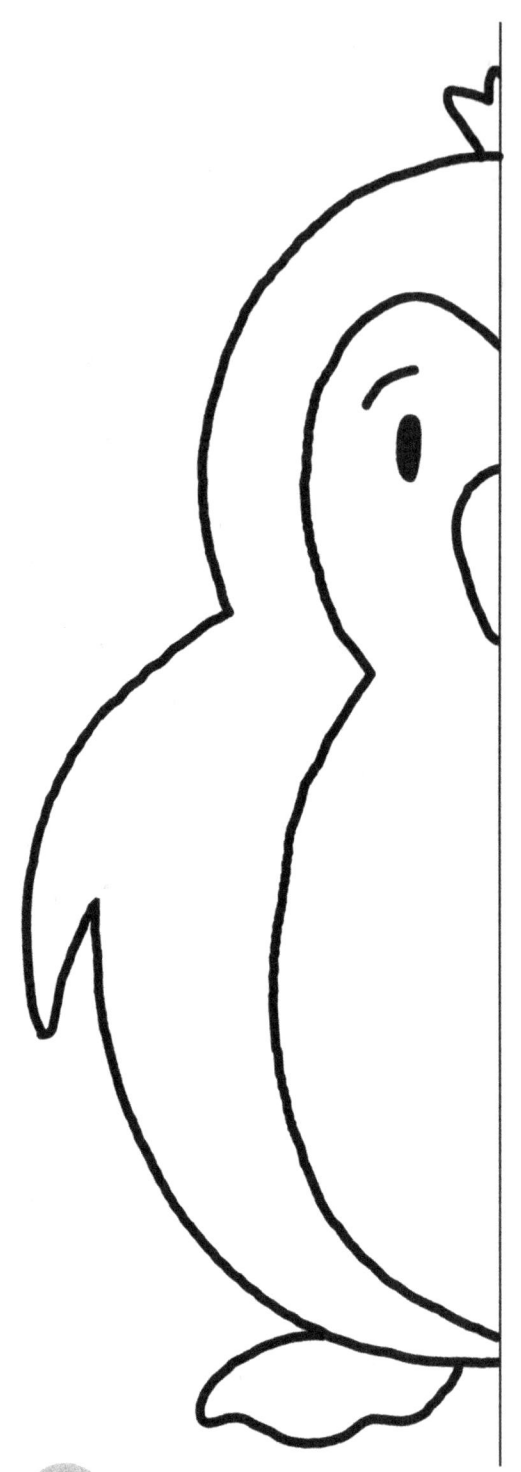

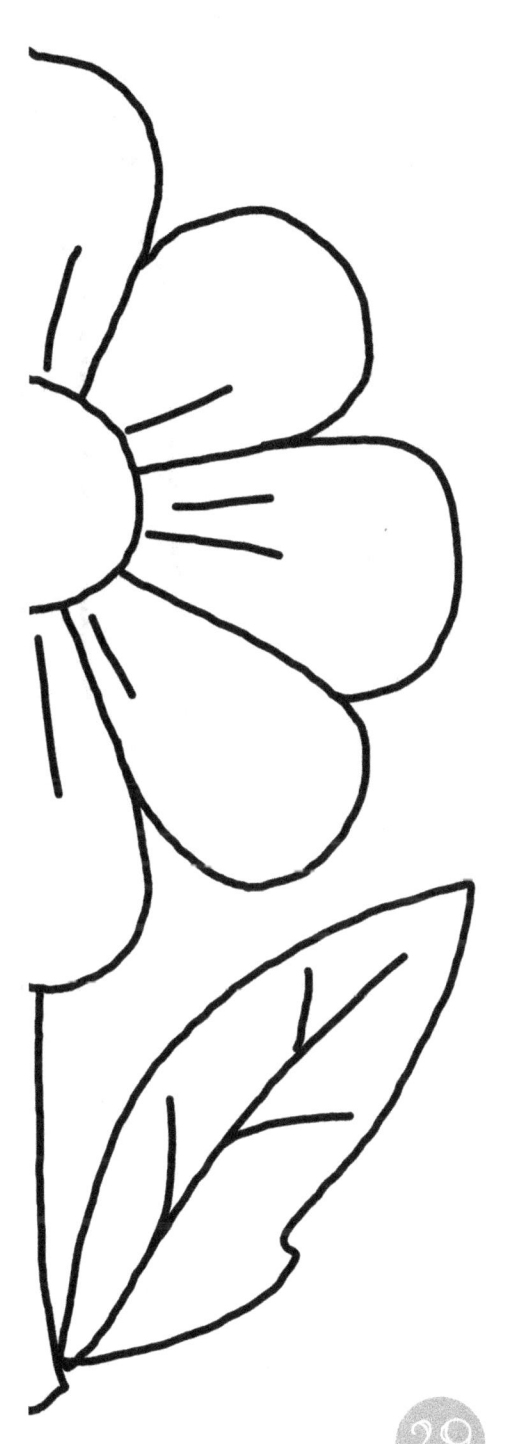

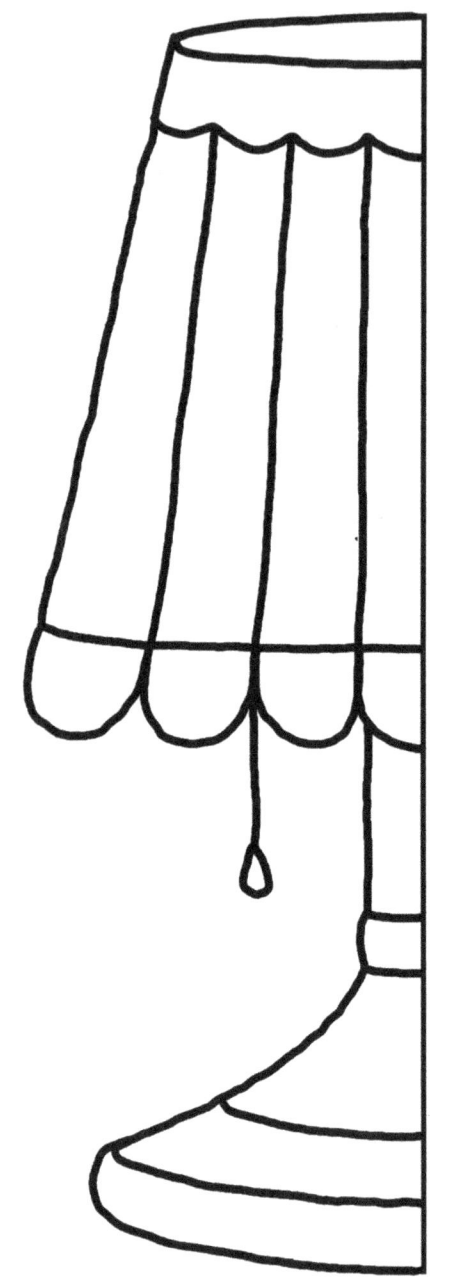

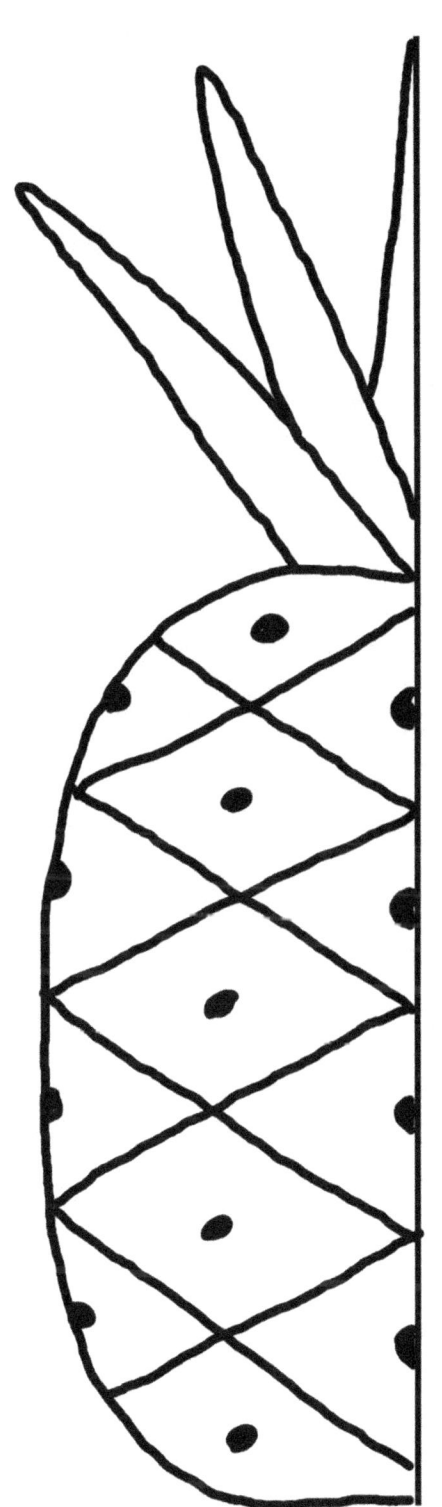

DISEGNA LA TUA FRUTTA PREFERITA...

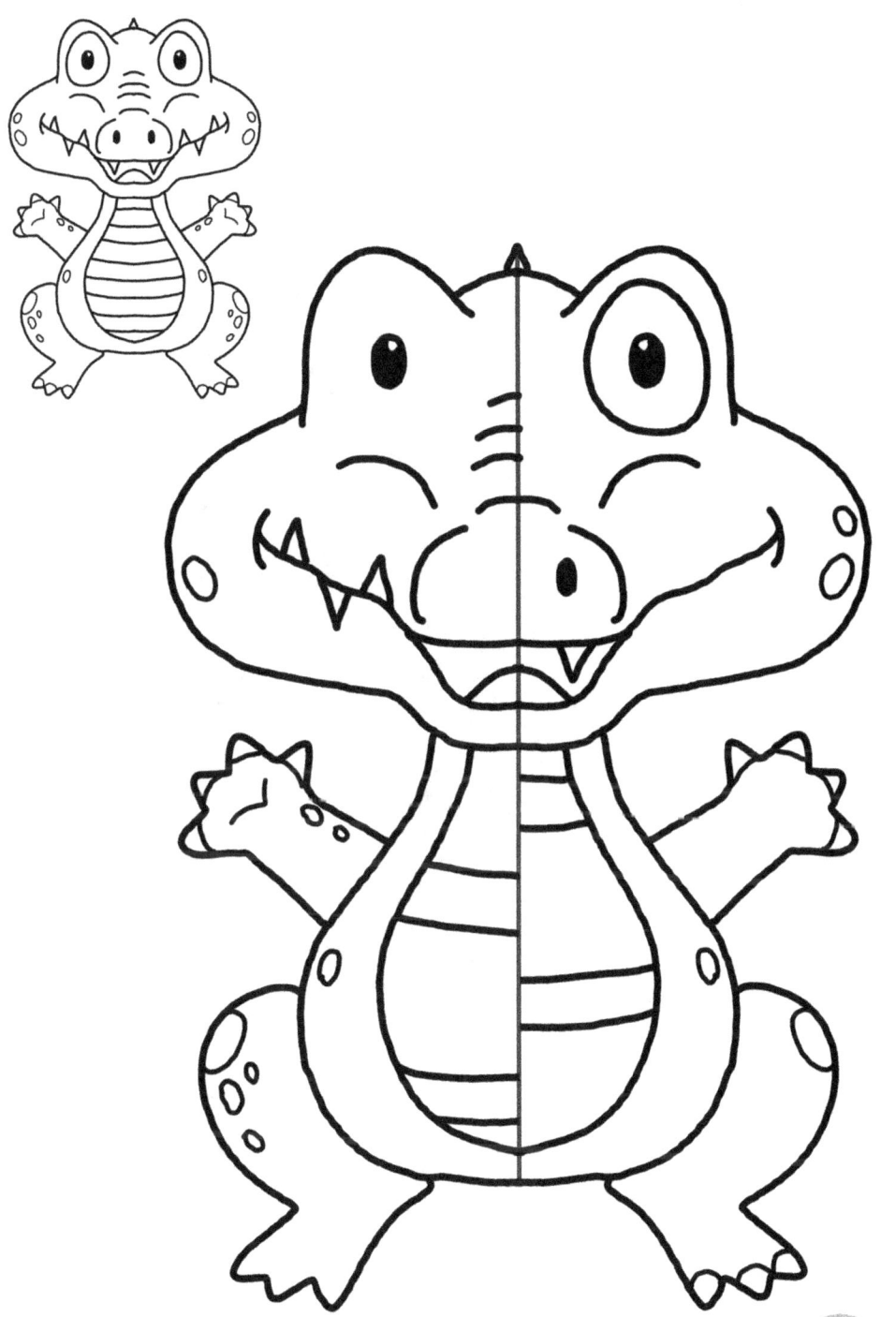

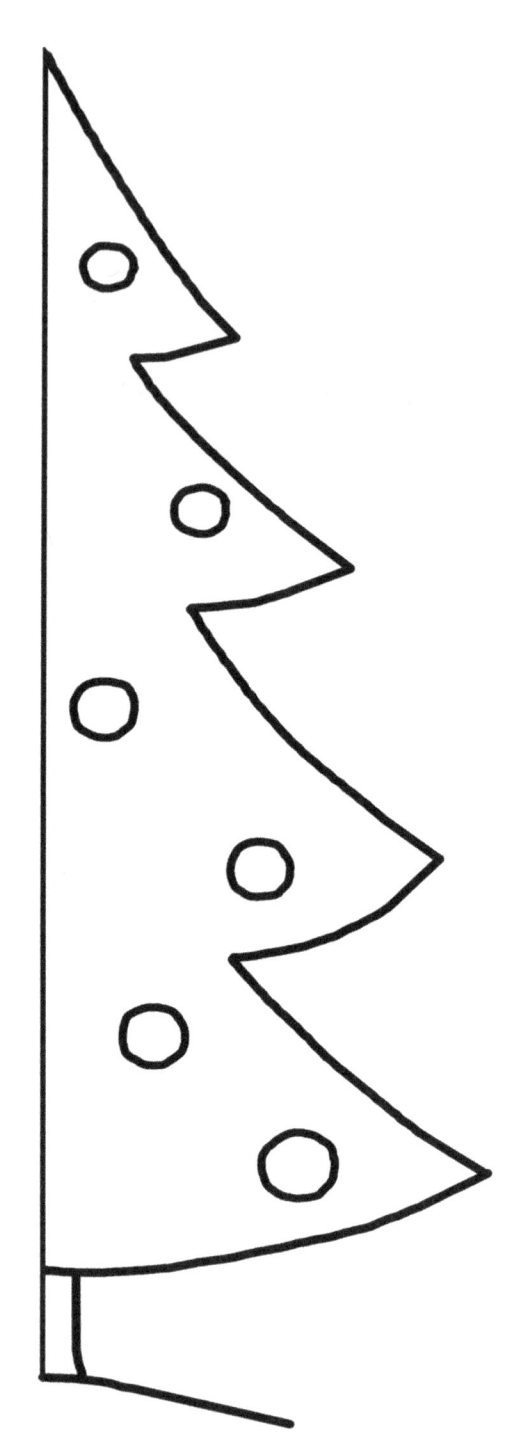

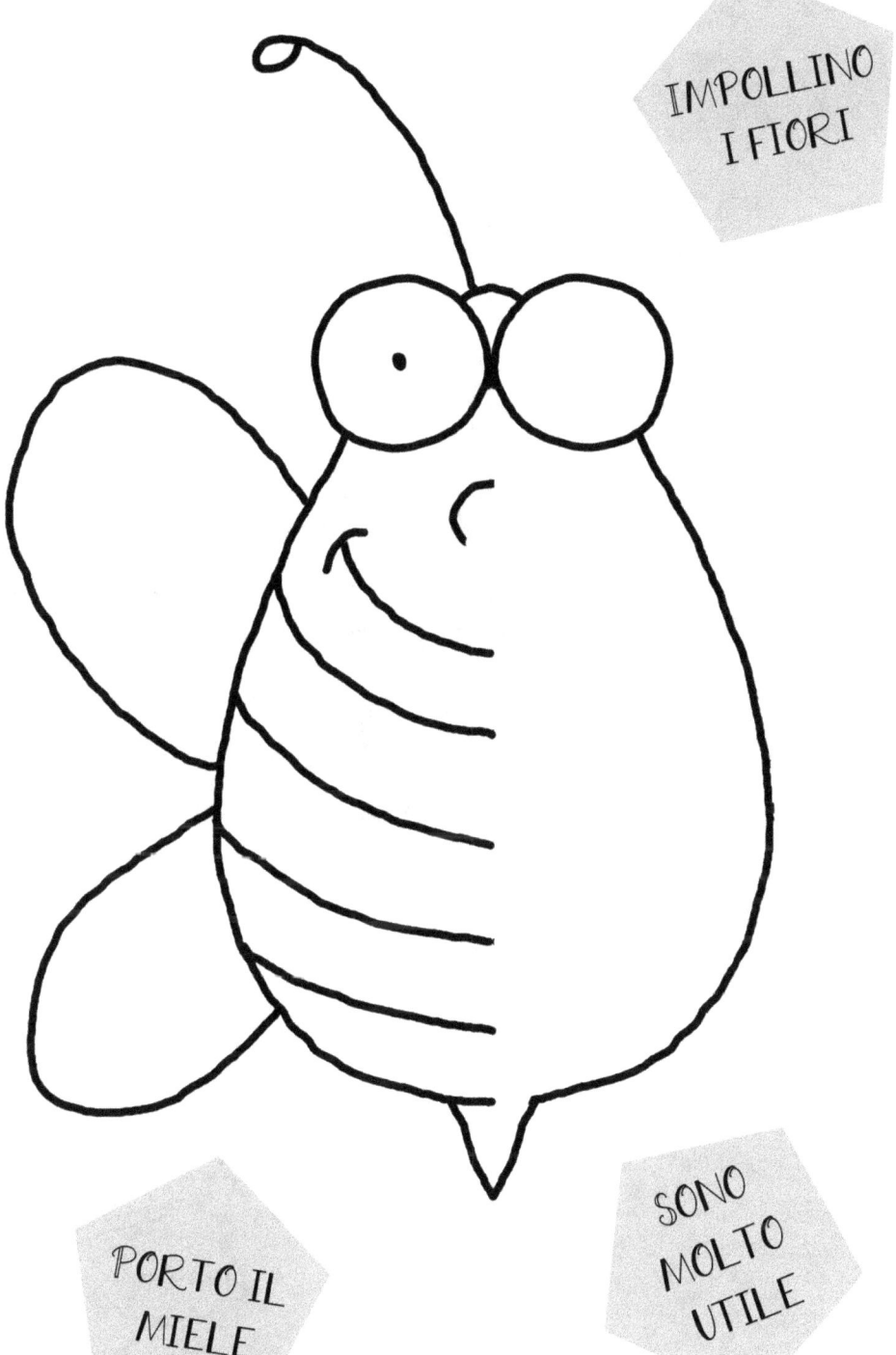

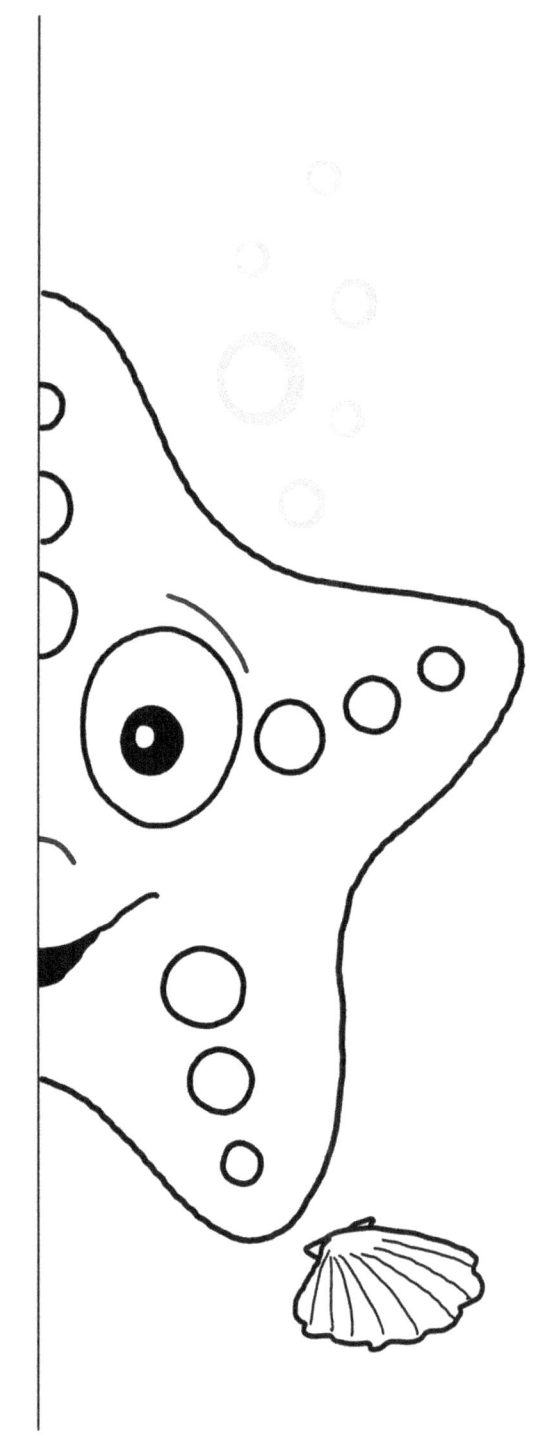

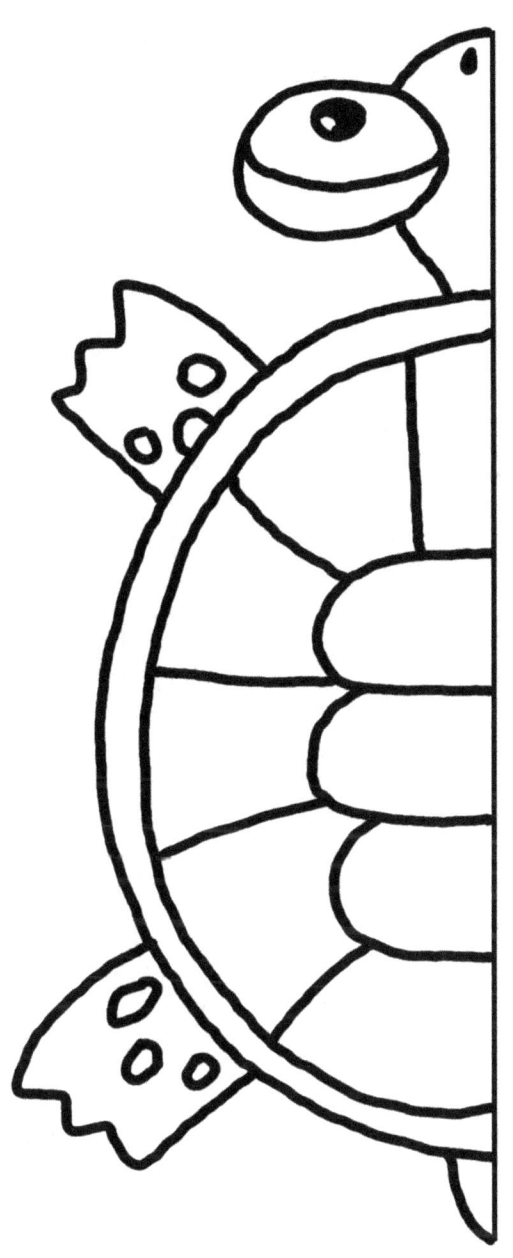

LE TARTARUGHE POSSONO VIVERE PIÙ DI 200 ANNI.

IN CHI SI TRASFORMERÀ IL BRUCO?

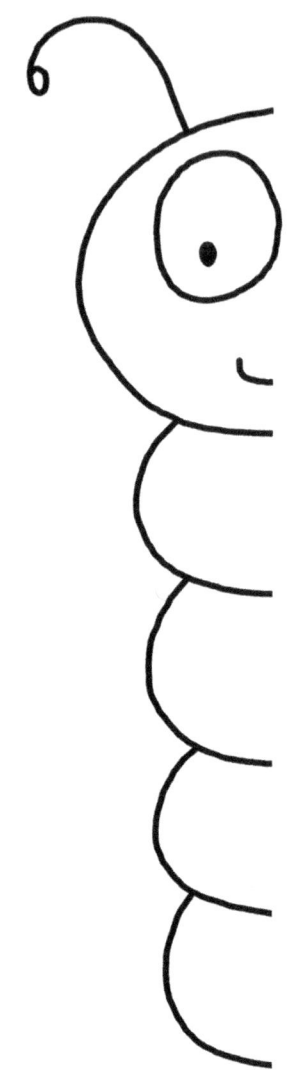

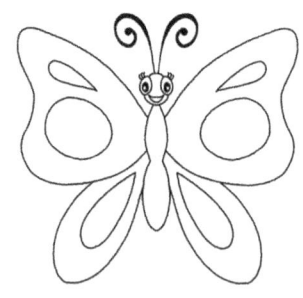
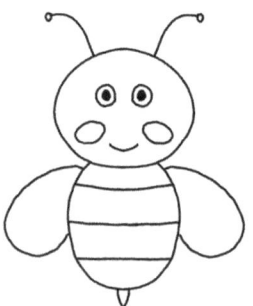

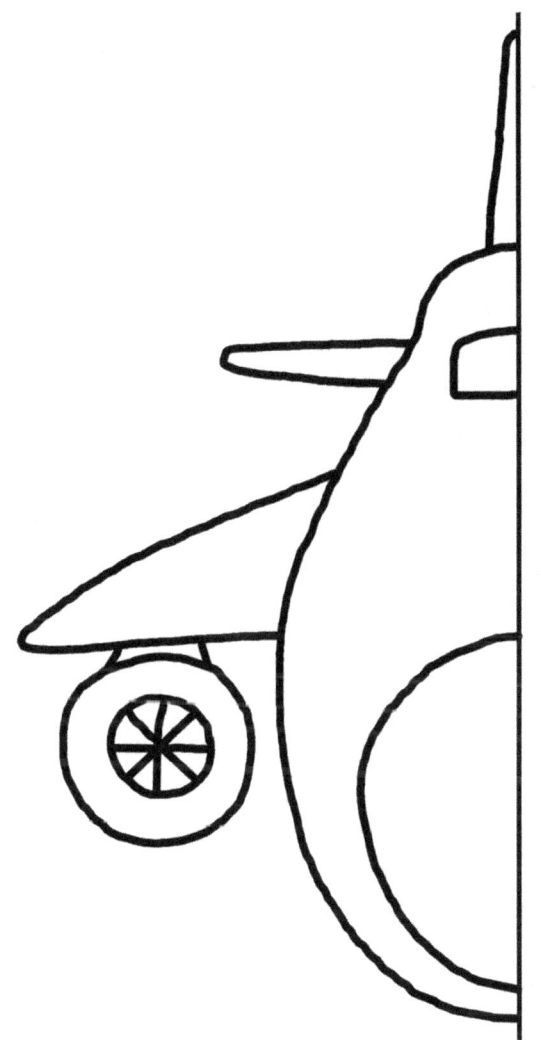

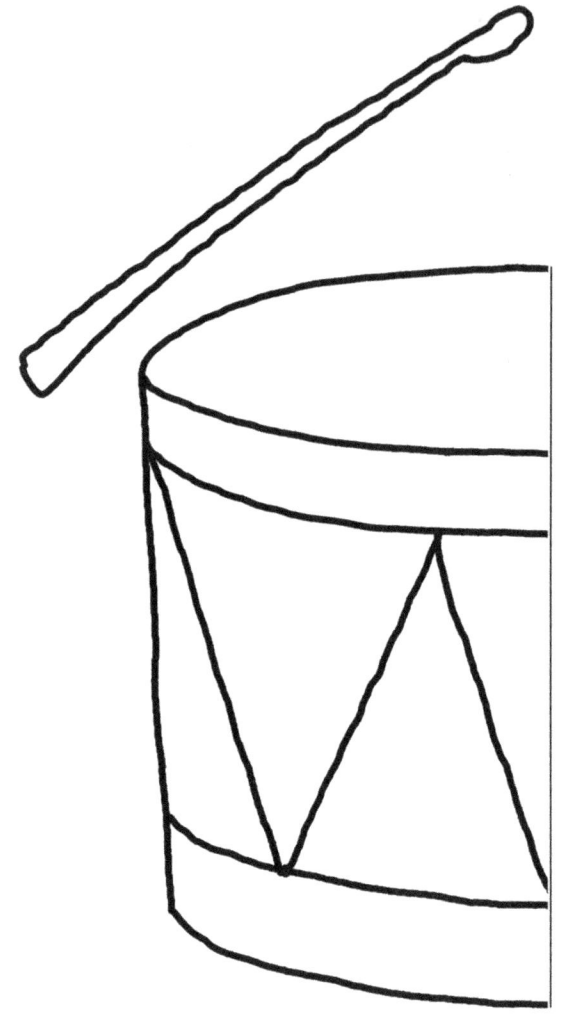

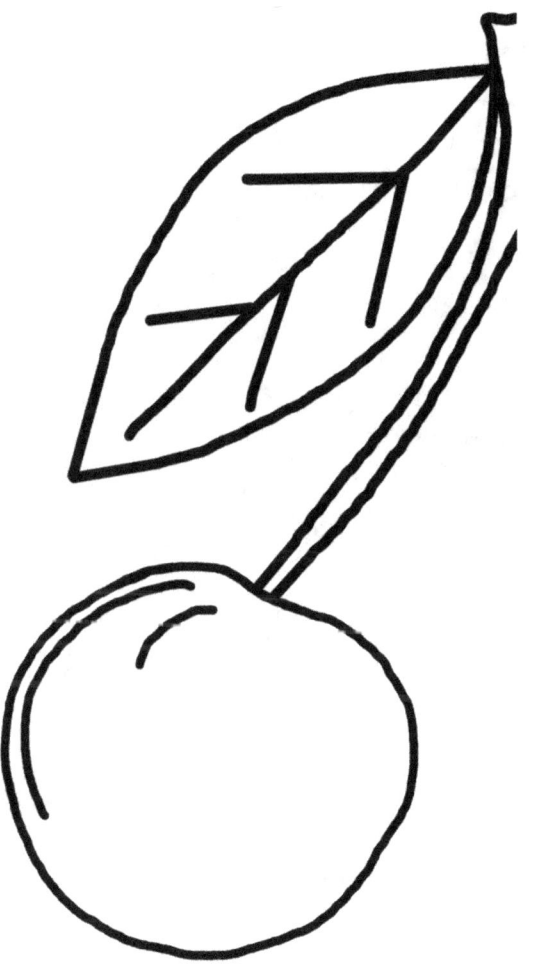

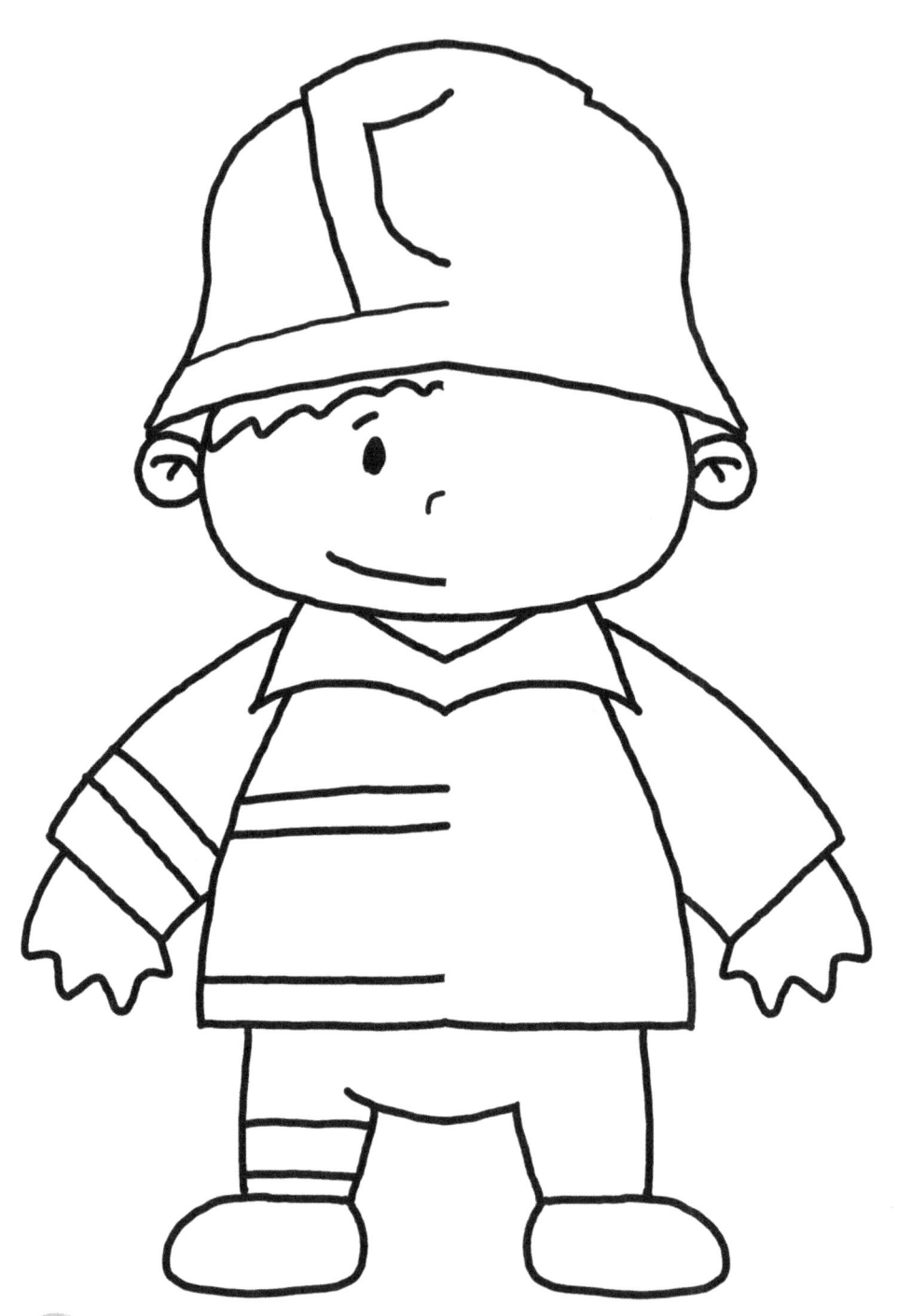

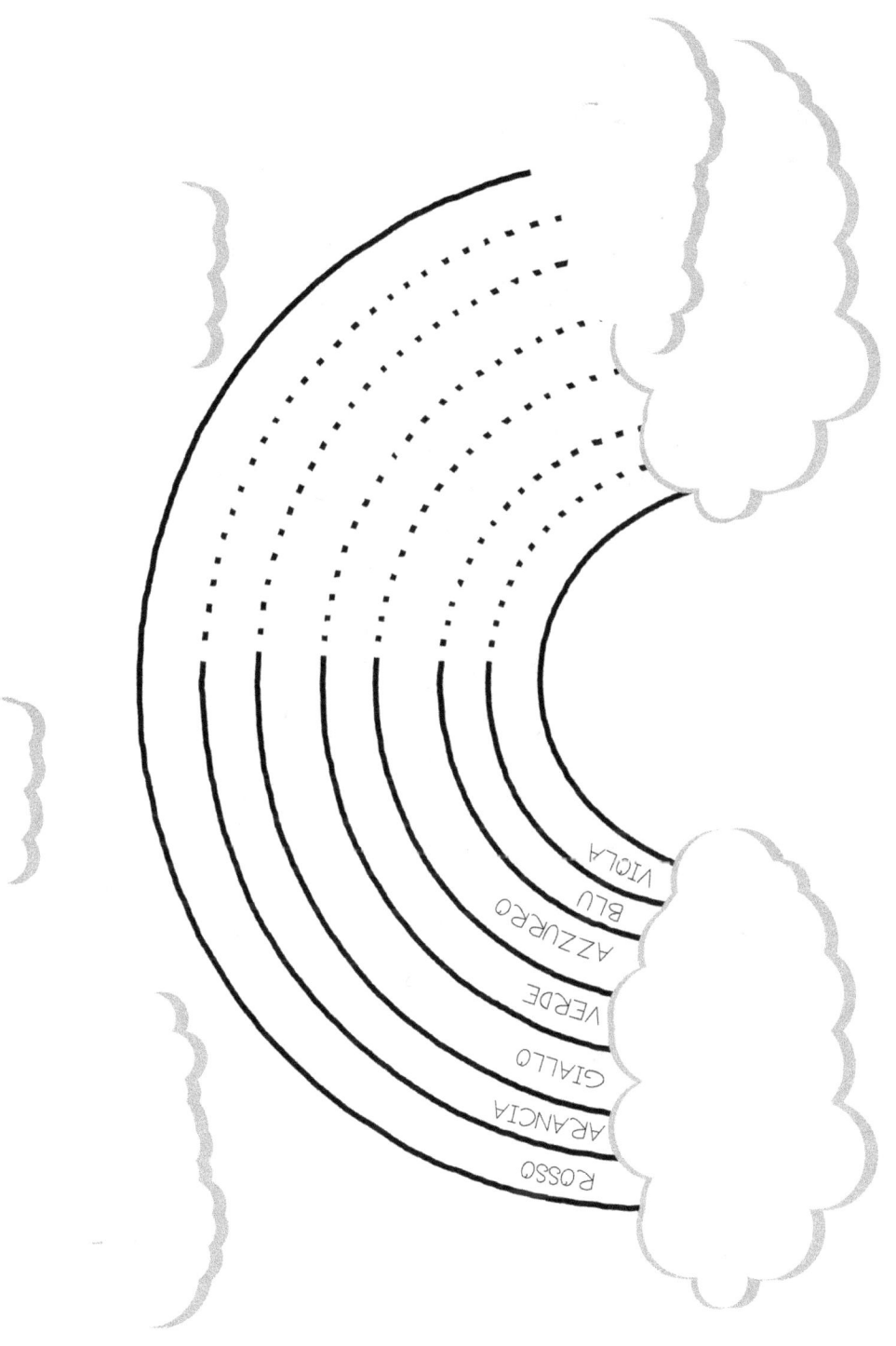

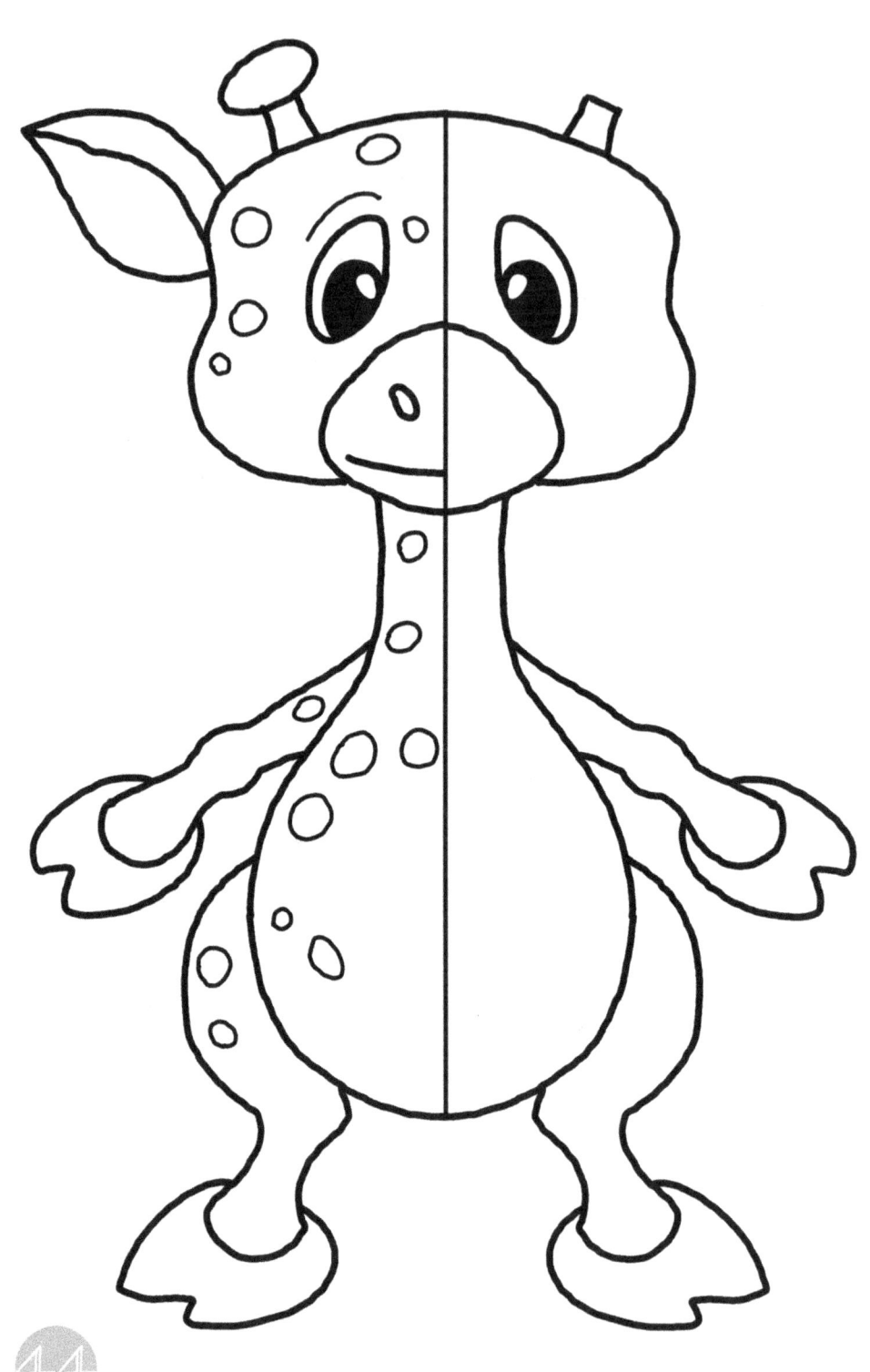

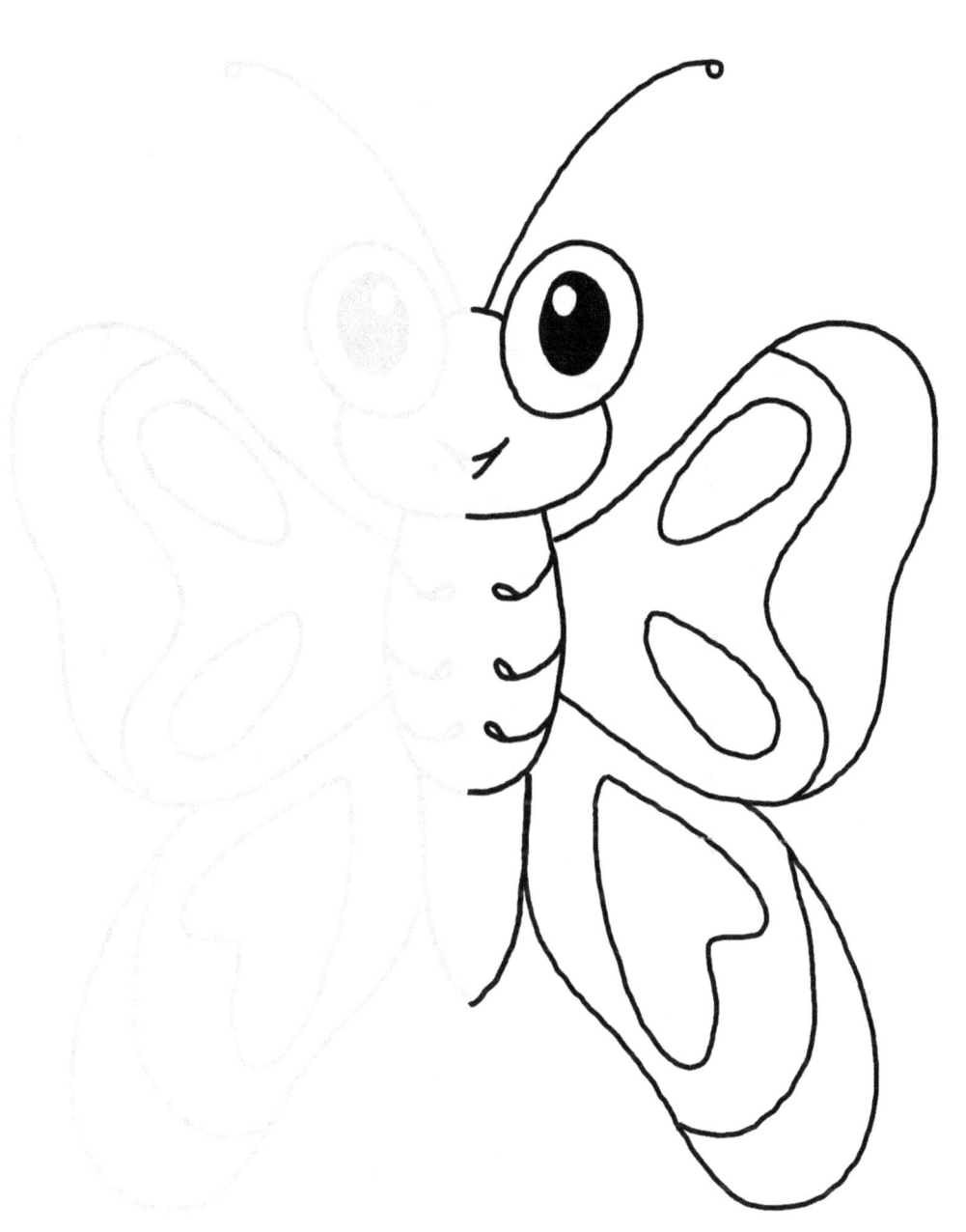

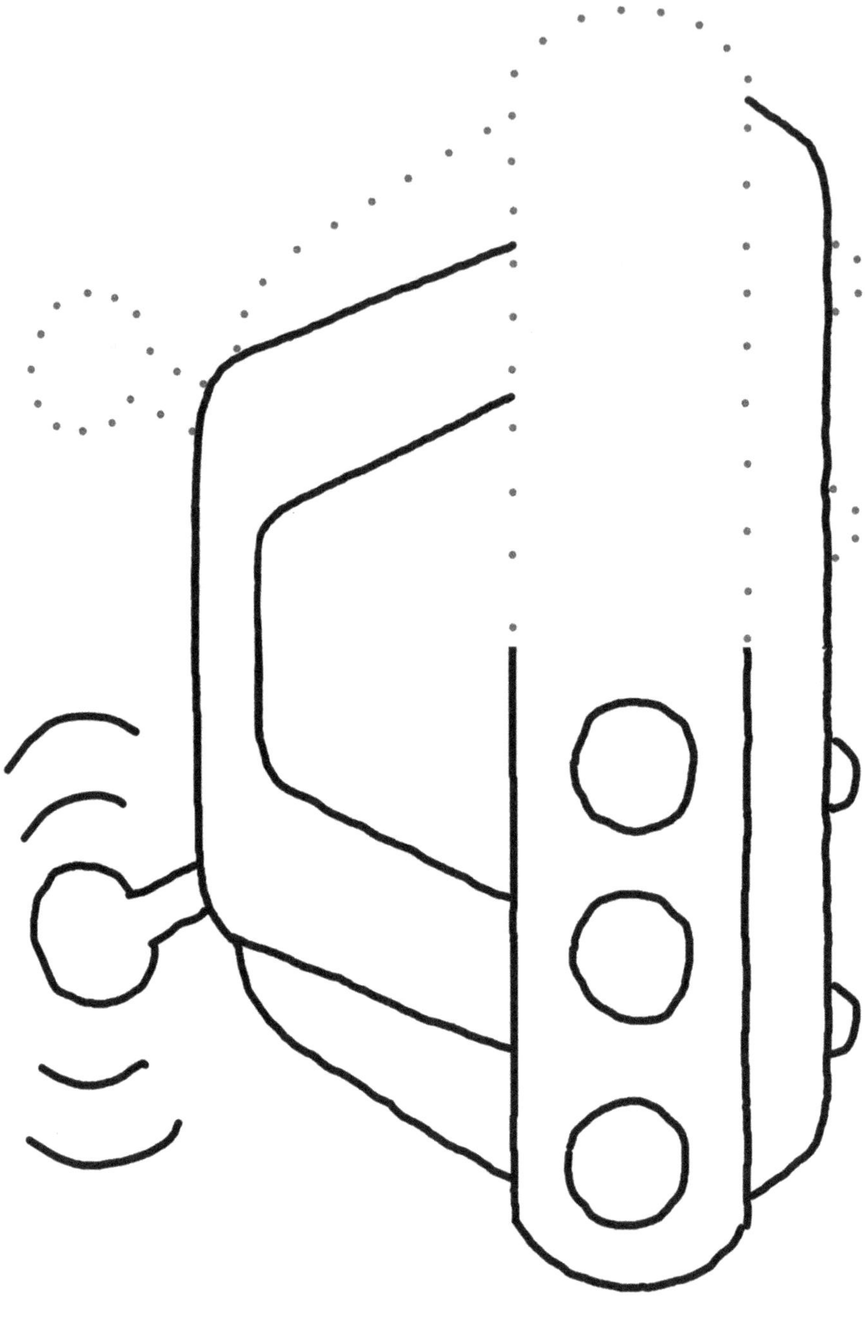

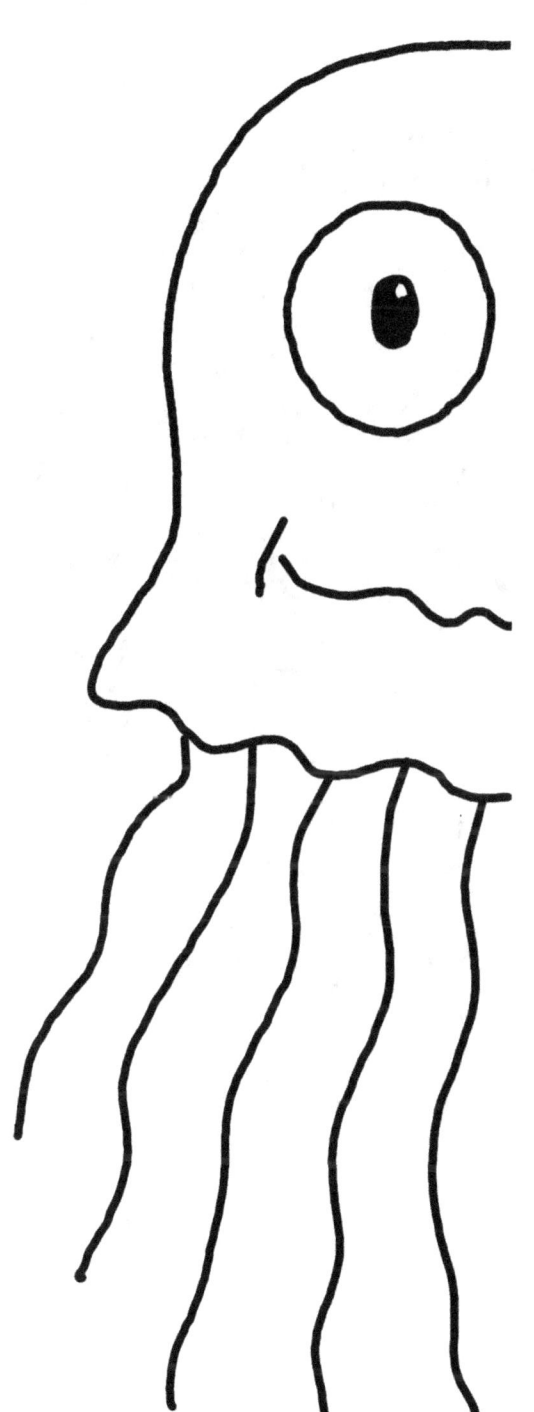

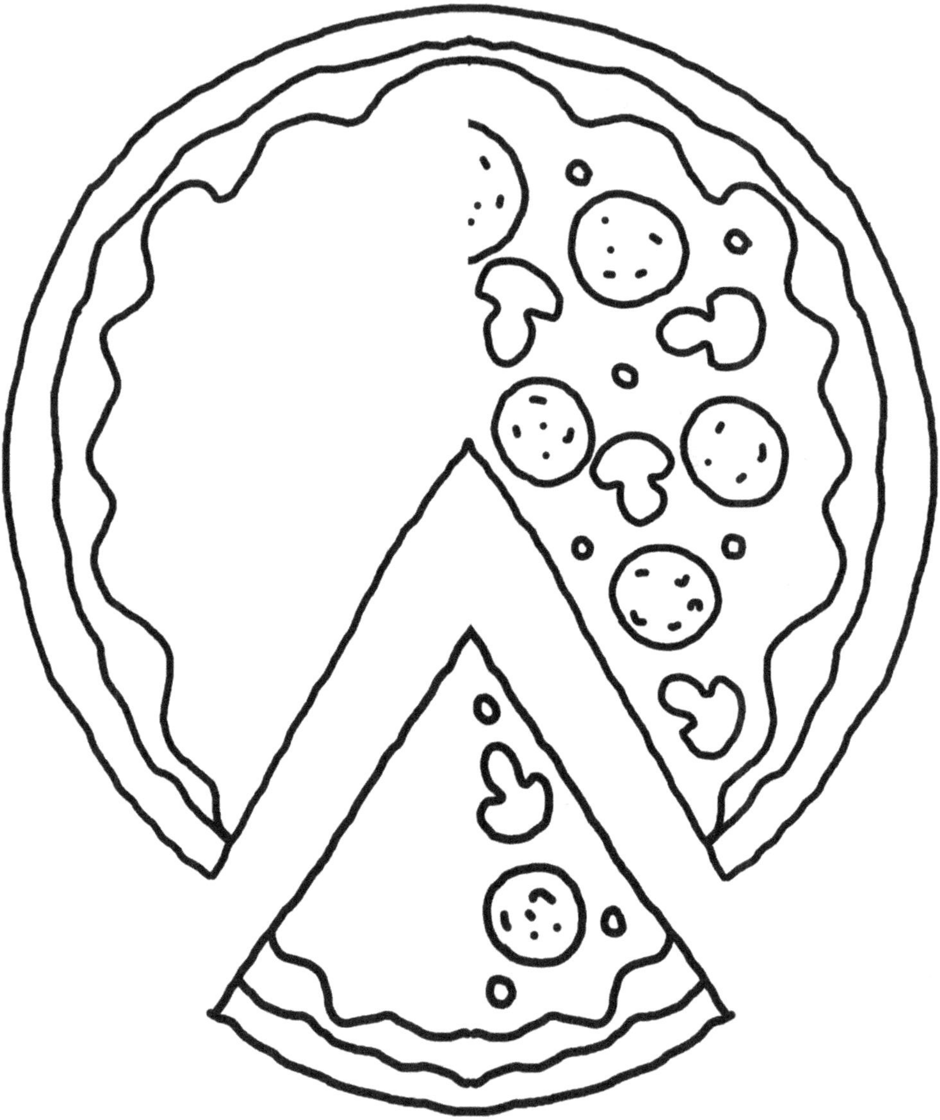

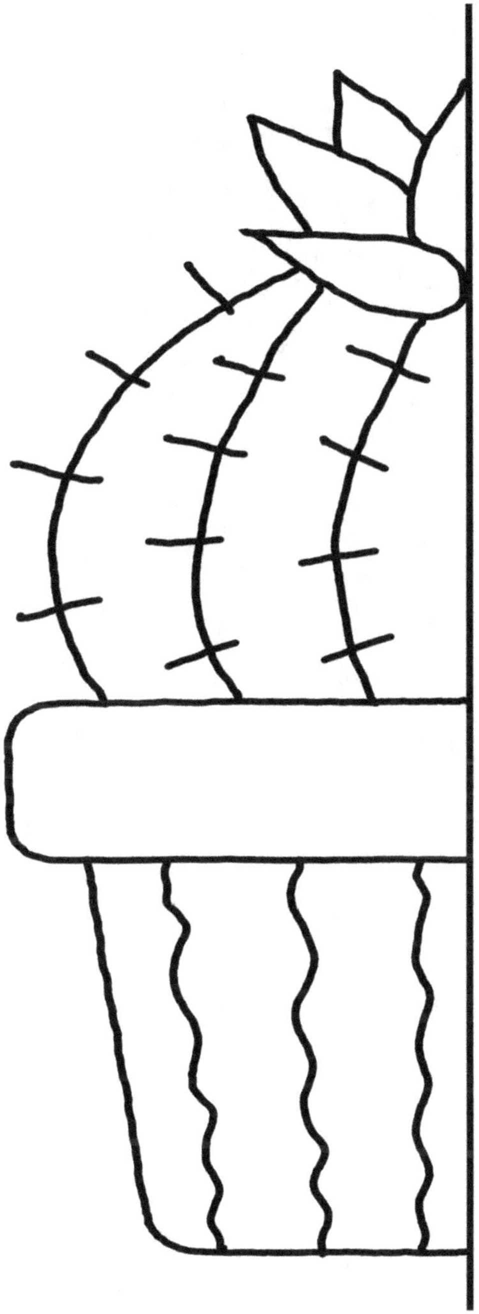

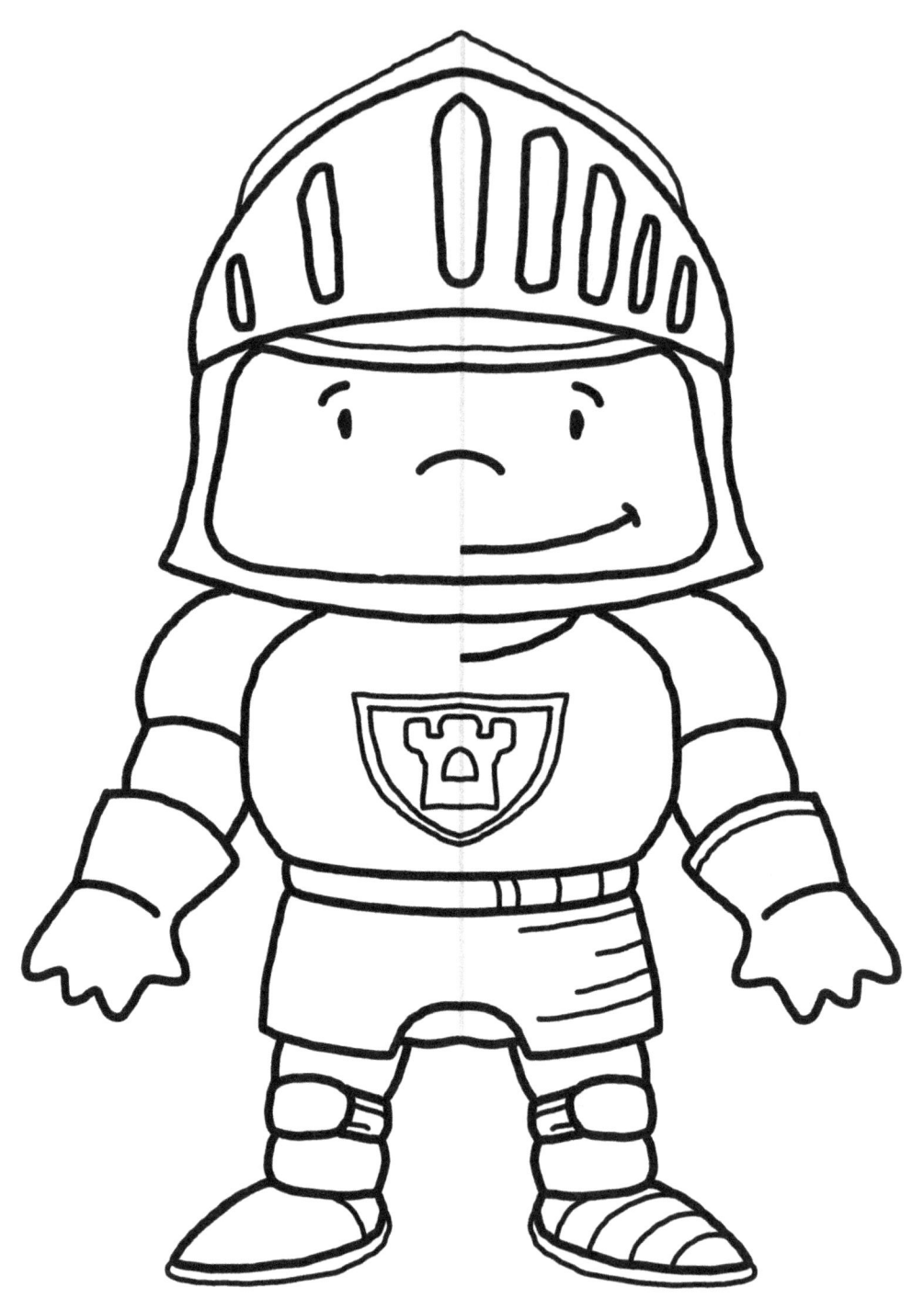

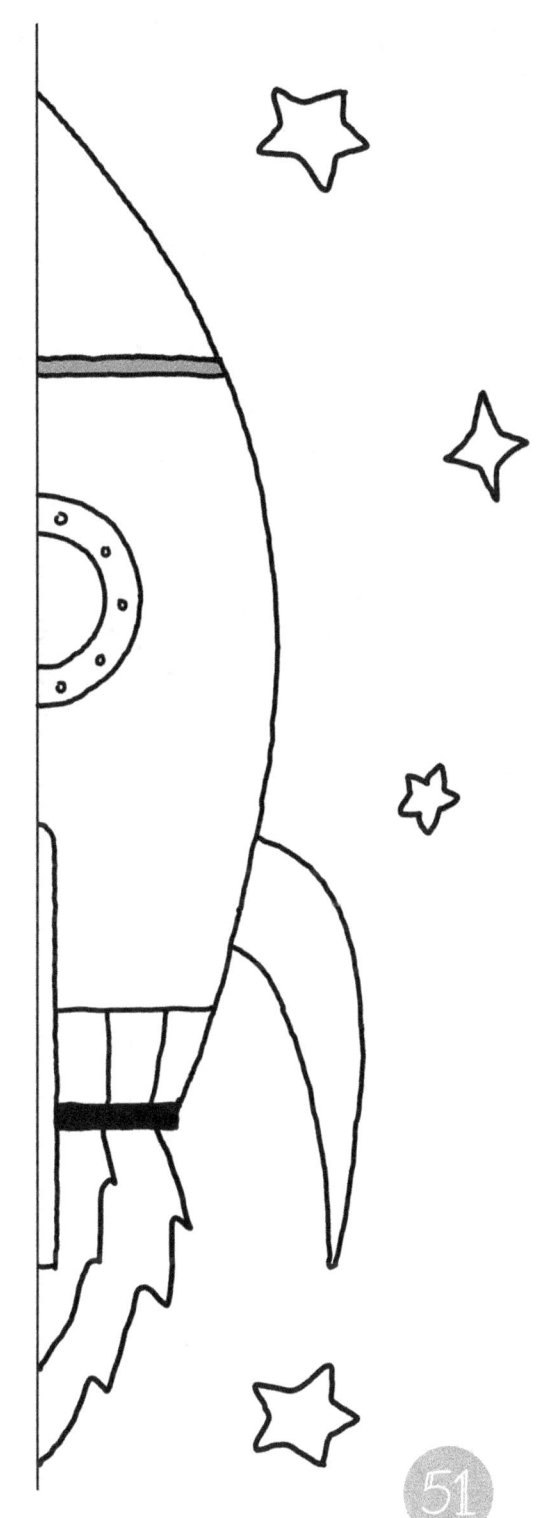

PER FAVORE DISEGNA PER ME IL LAGO...

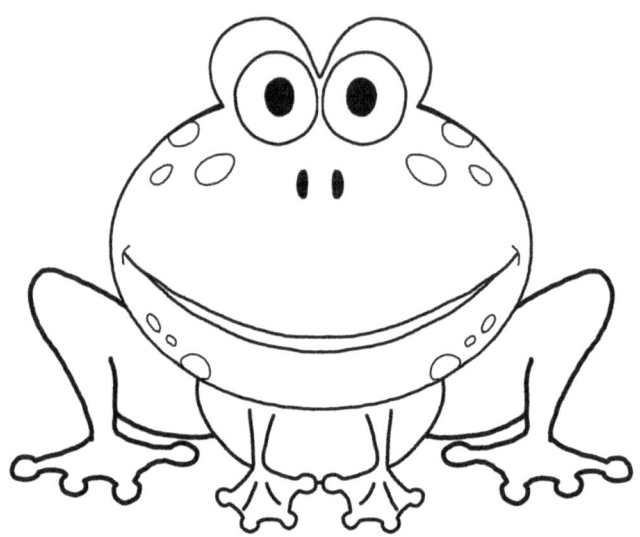

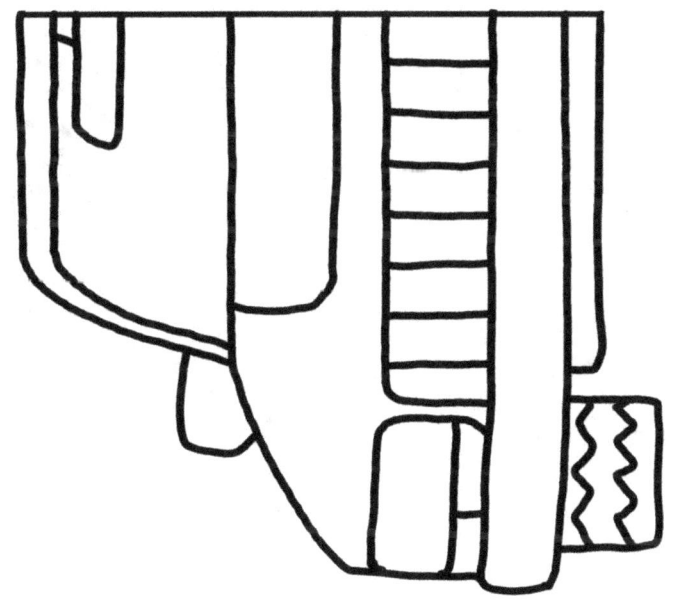

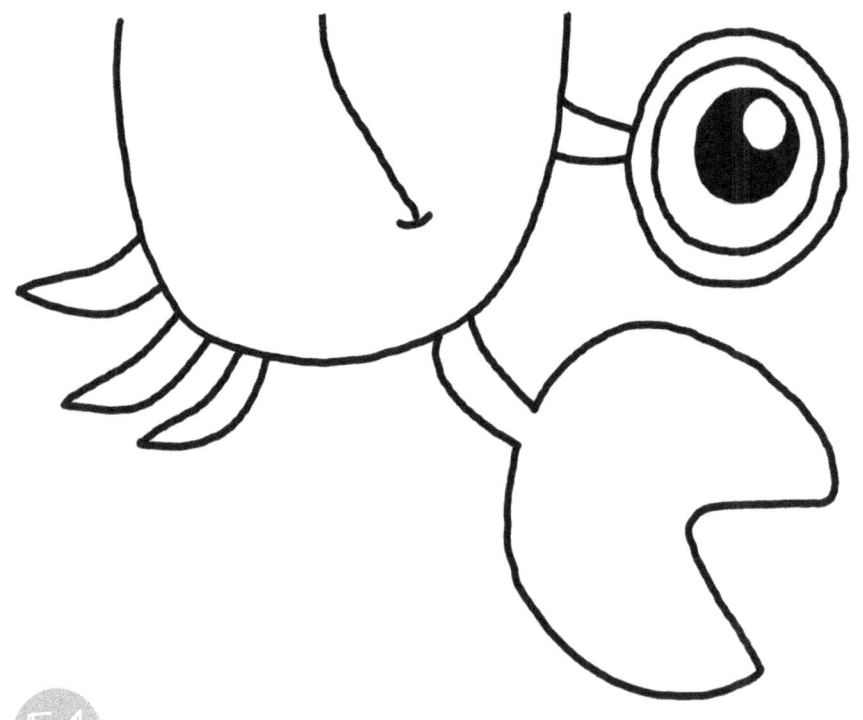

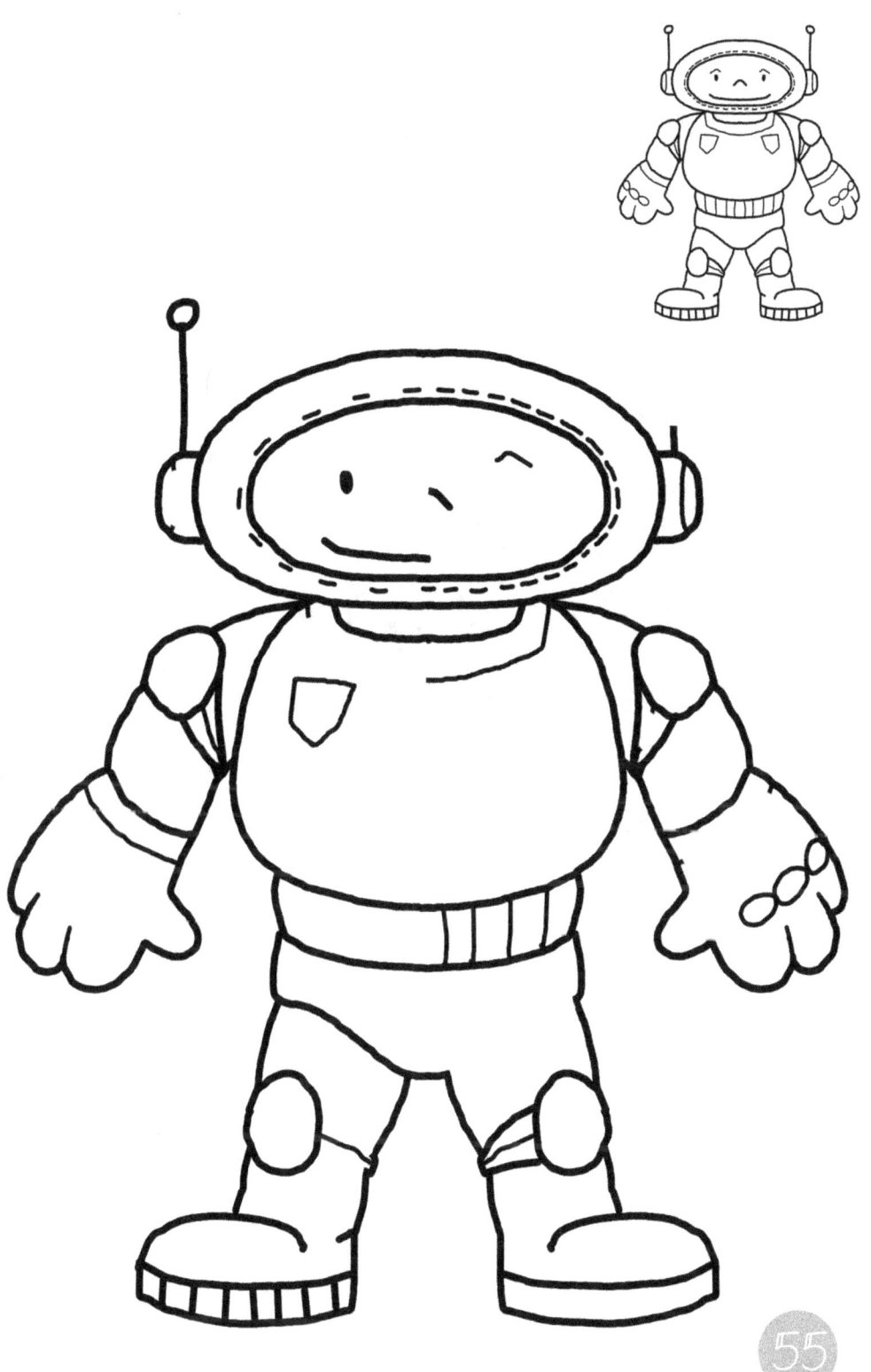

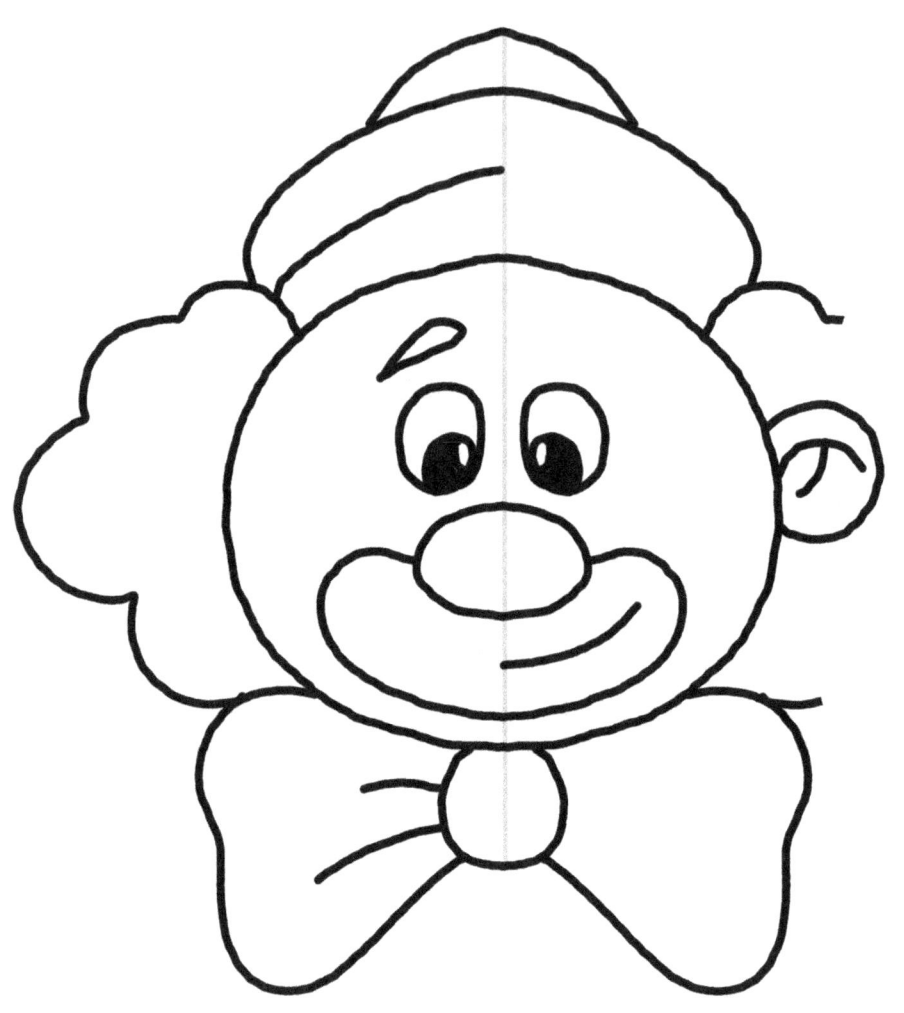

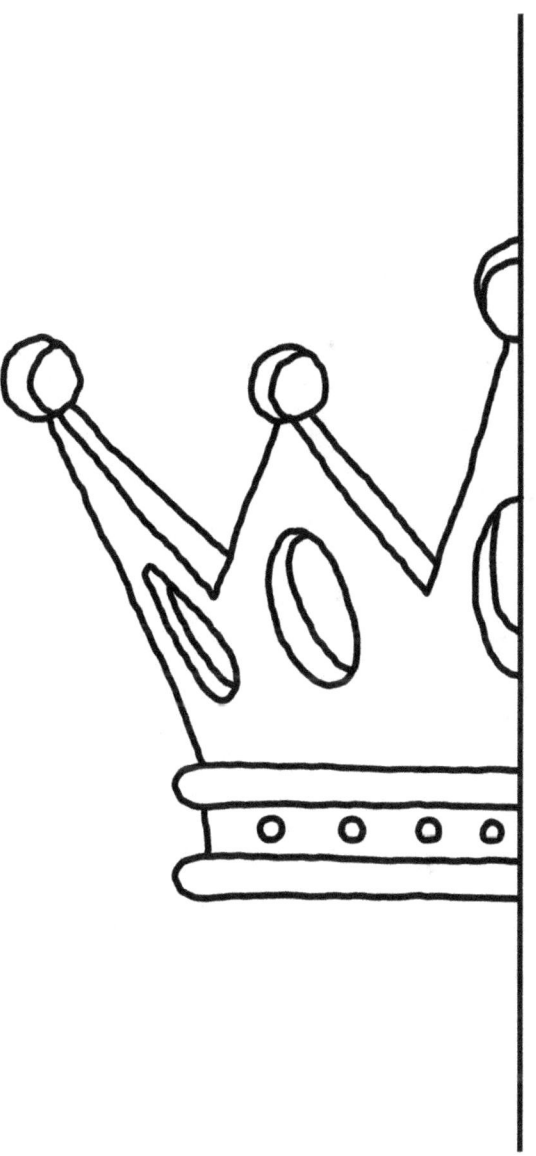

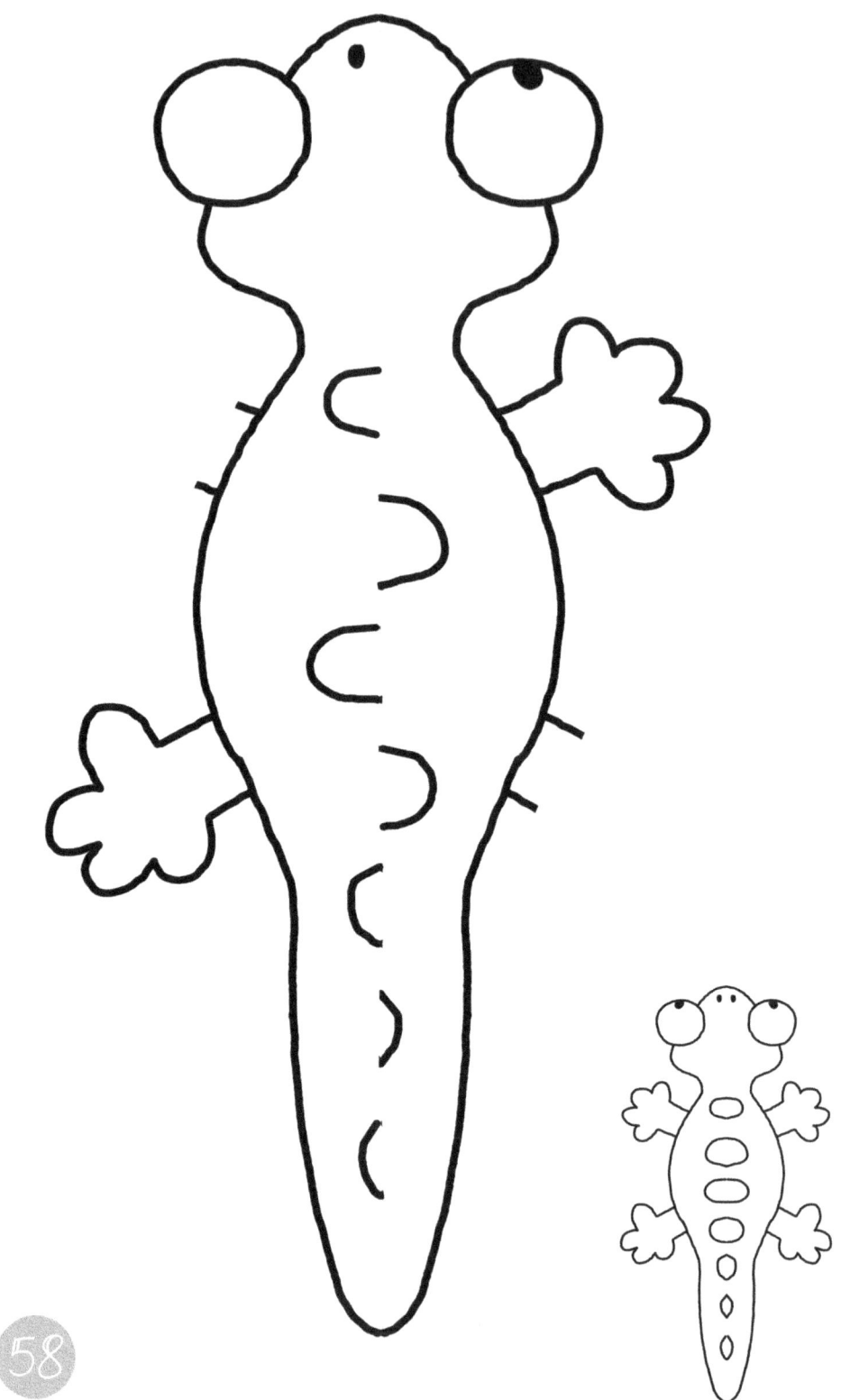

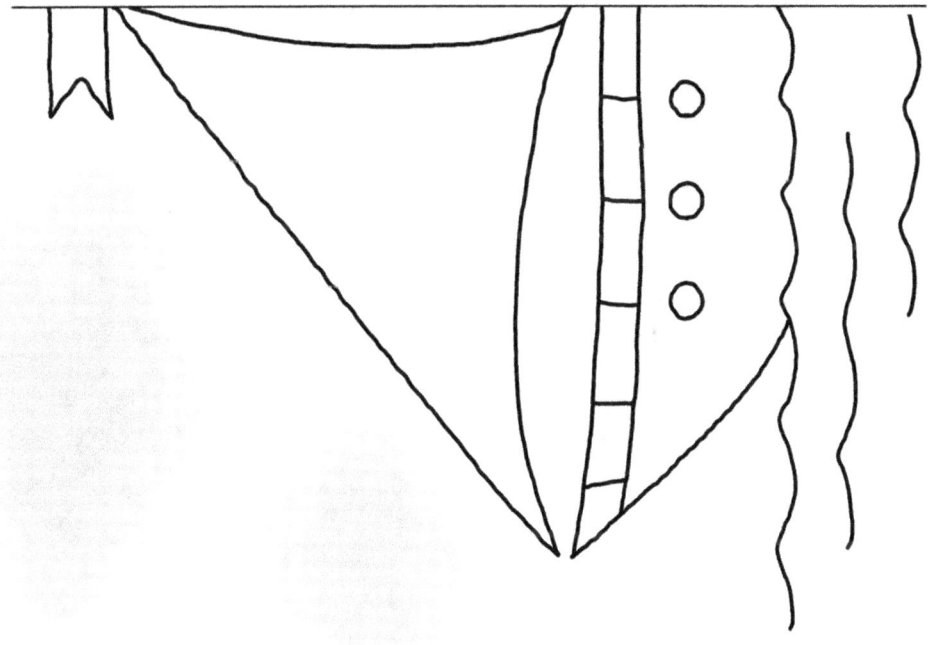

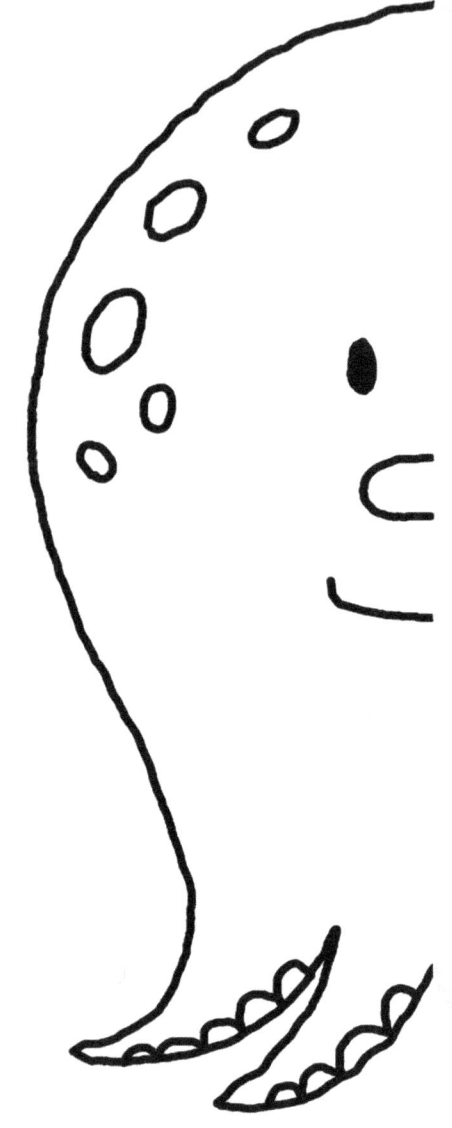

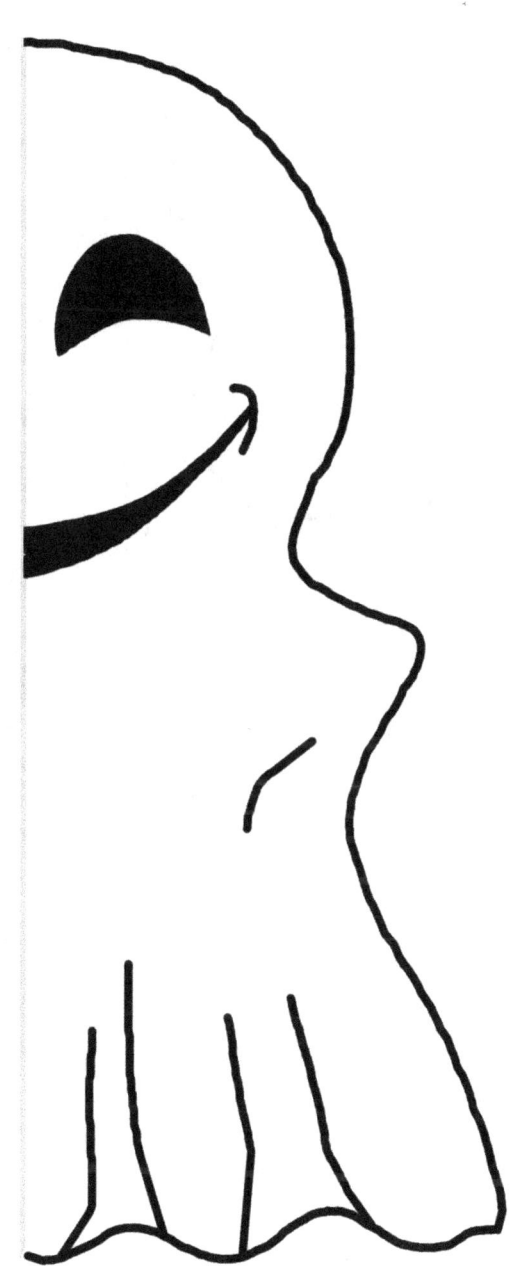

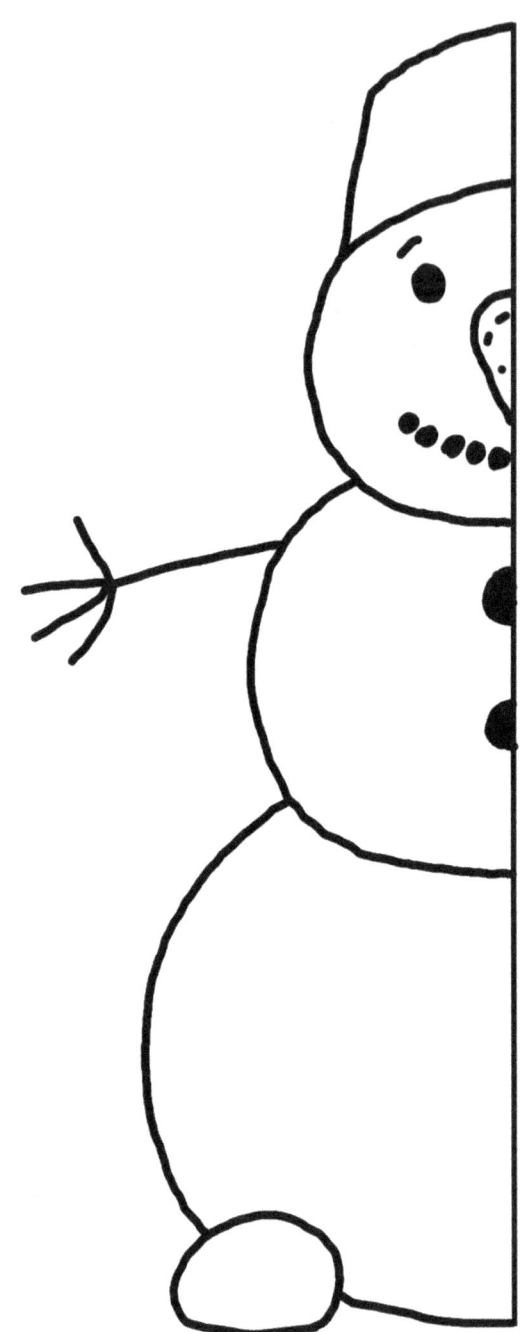

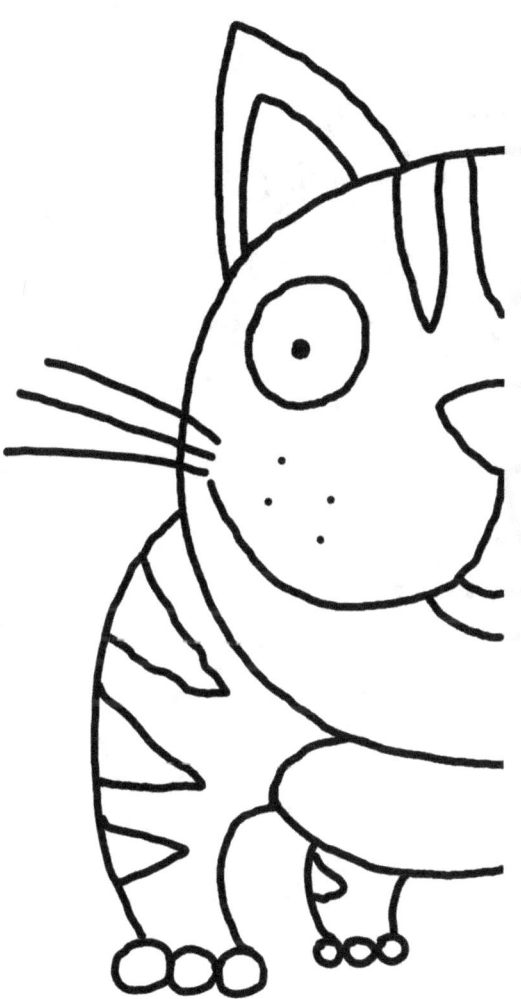

CIAO! MI CHIAMO GIULIA.
IO VORREI AVERE UN VESTITINO VERDE
CON I FIORI GIALLI E LE SCARPE GIALLE.
MI POTRESTI AIUTARE?

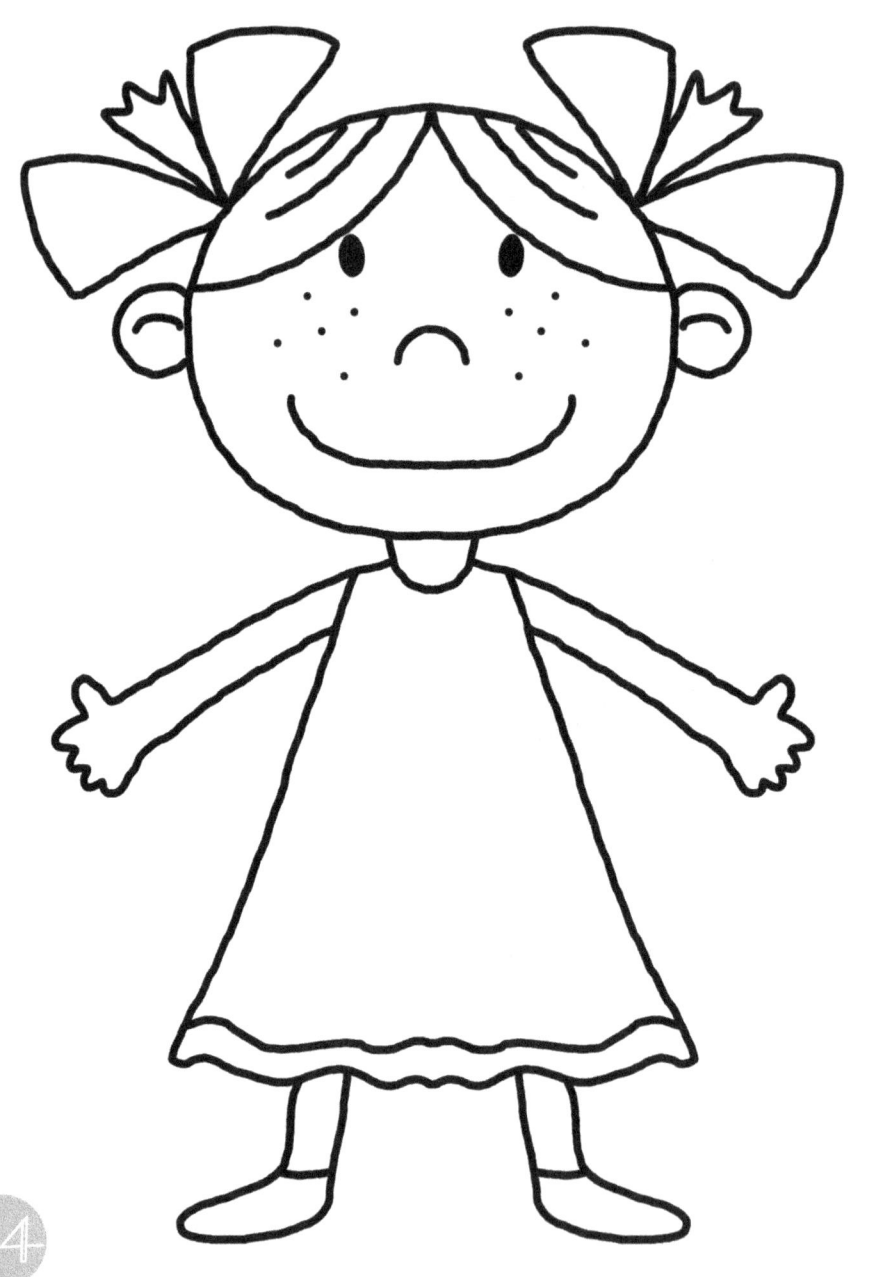

MI SEMBRA CHE L'ILLUSTRATORE SI SIA DIMENTICATO DI DIPINGERE QUALCOSA.

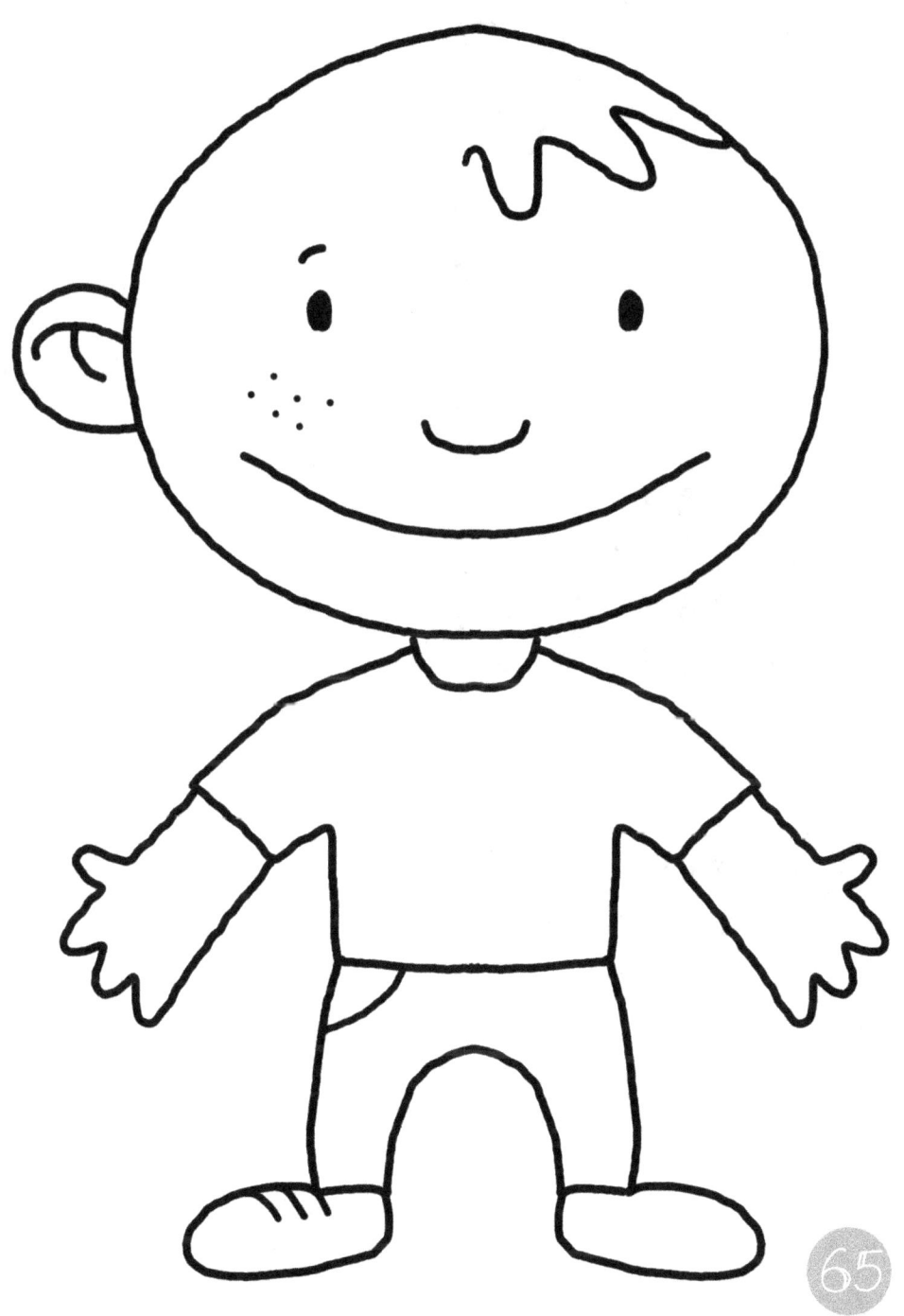

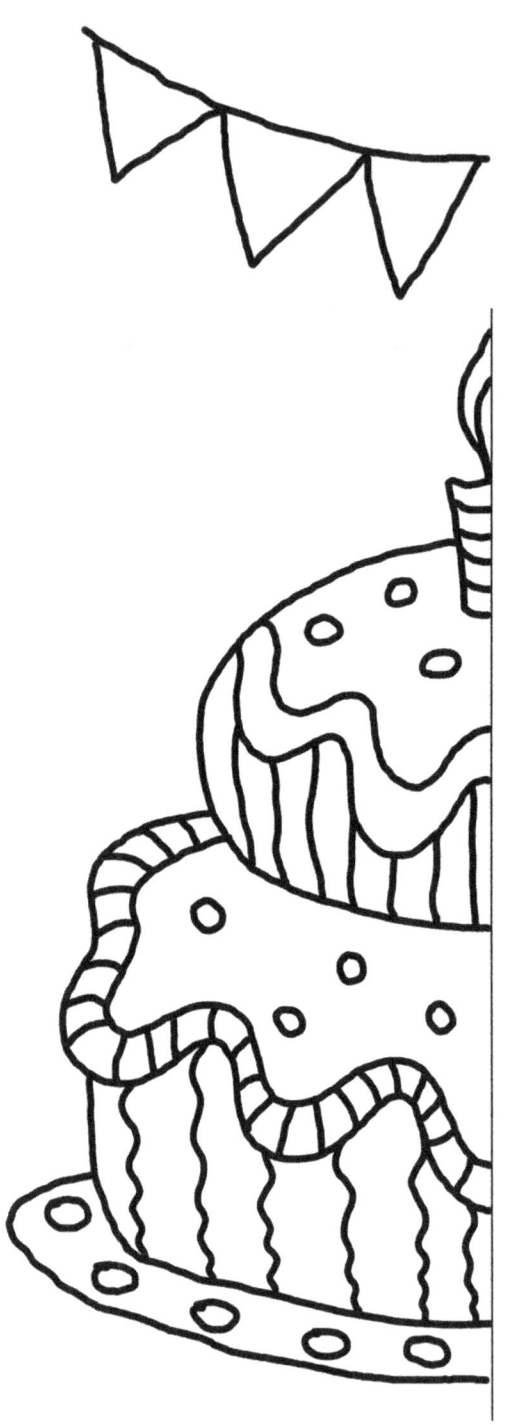

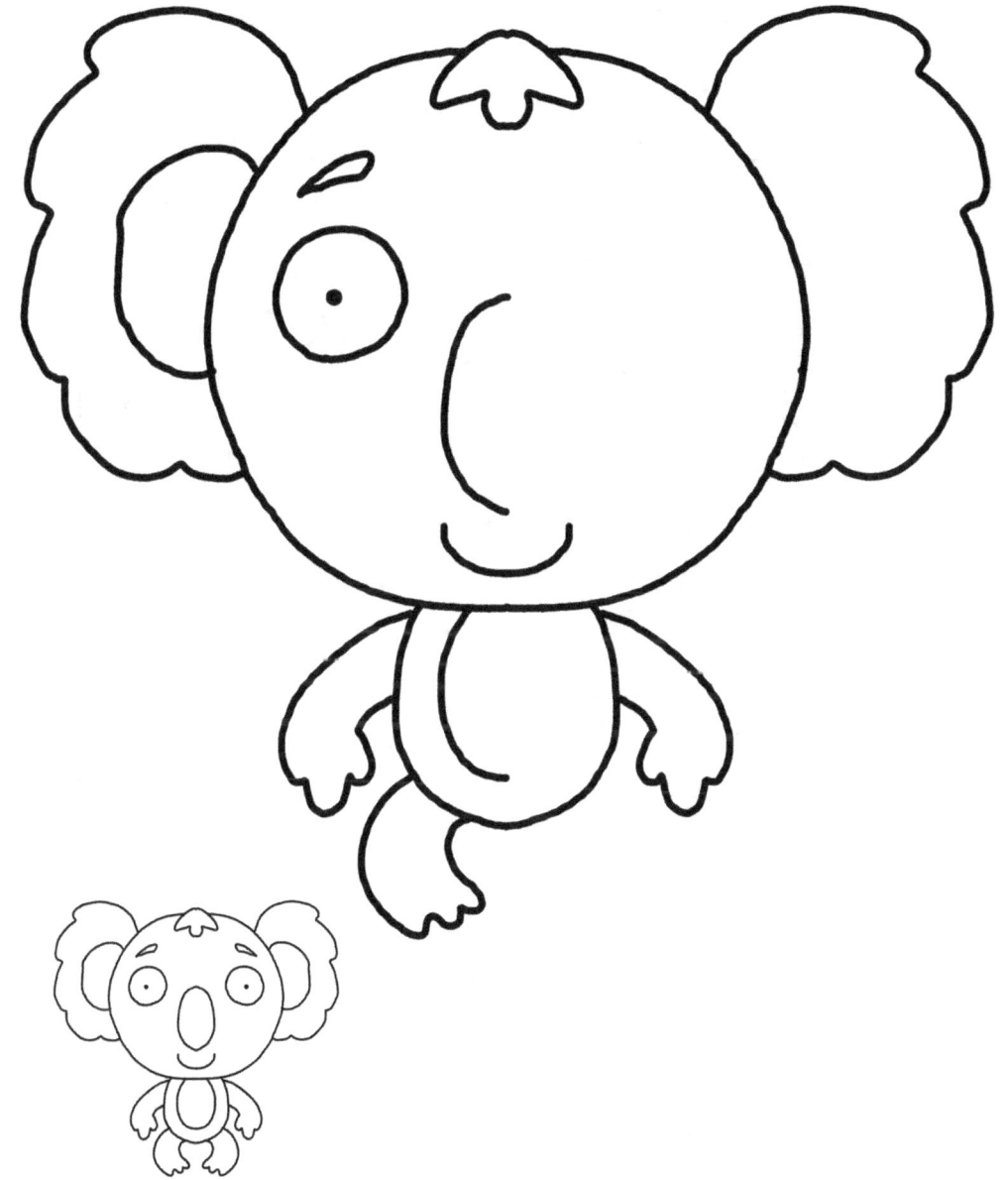

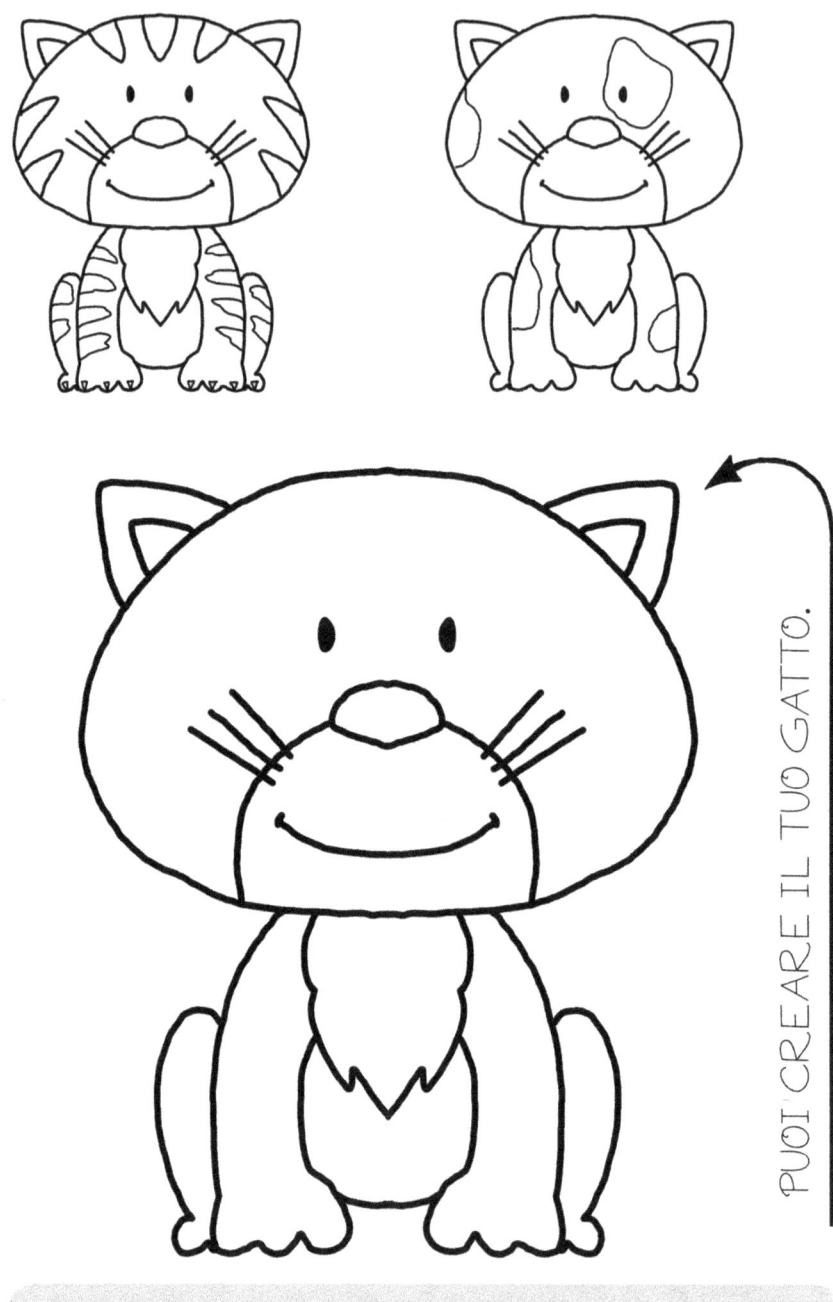

PUOI CREARE IL TUO GATTO.

MI CHIAMO... _____

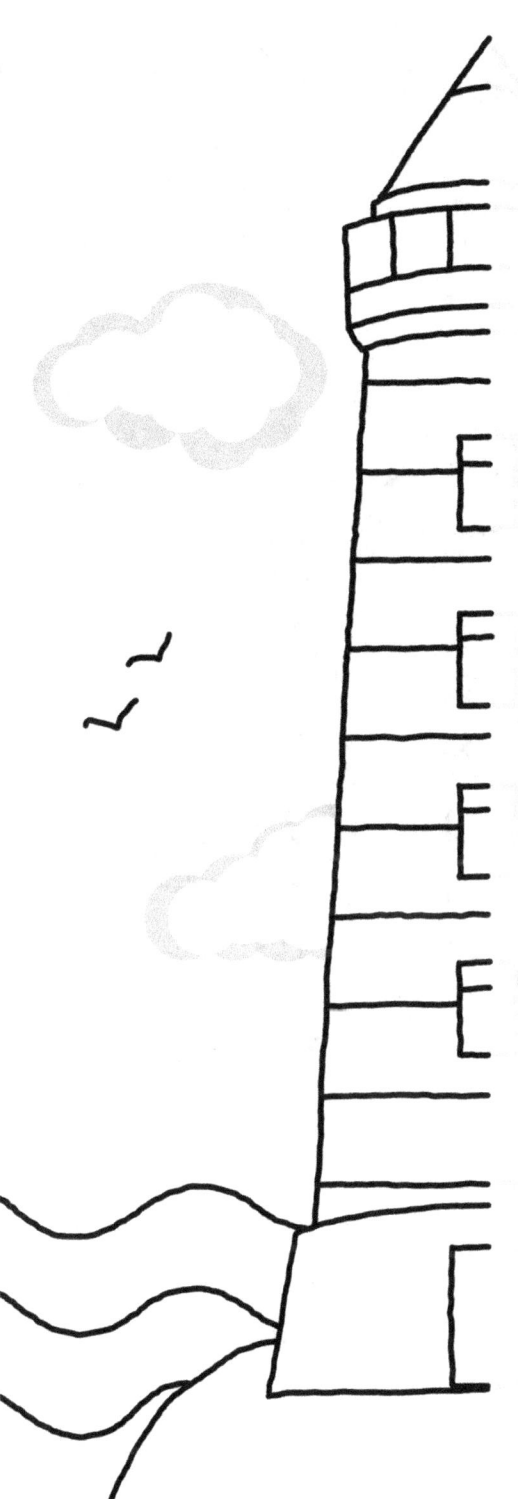

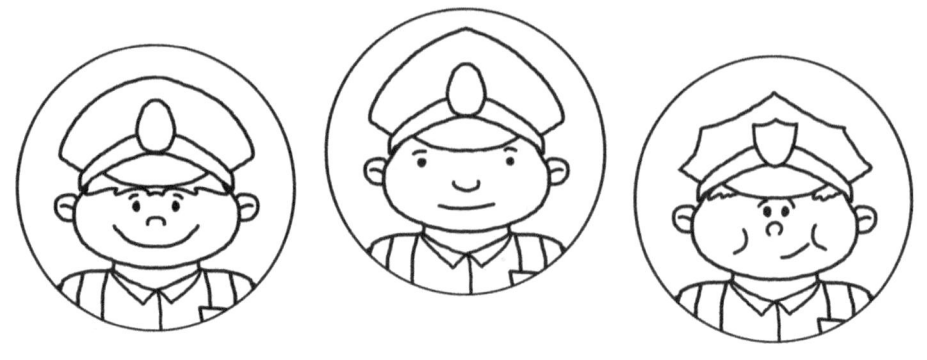

 COME SECONDO TE DOVREBBE ESSERE UN UFFICIALE?

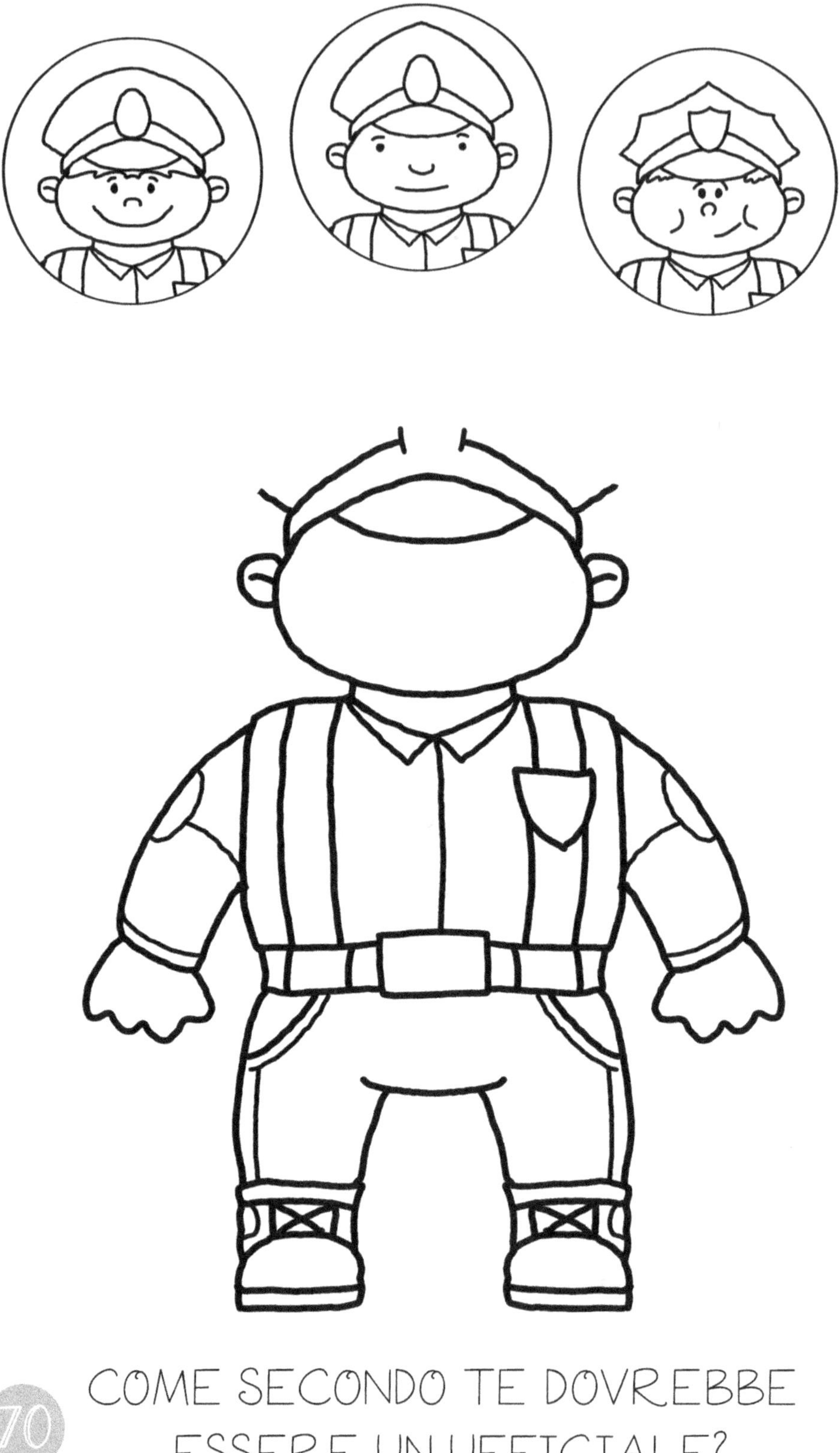

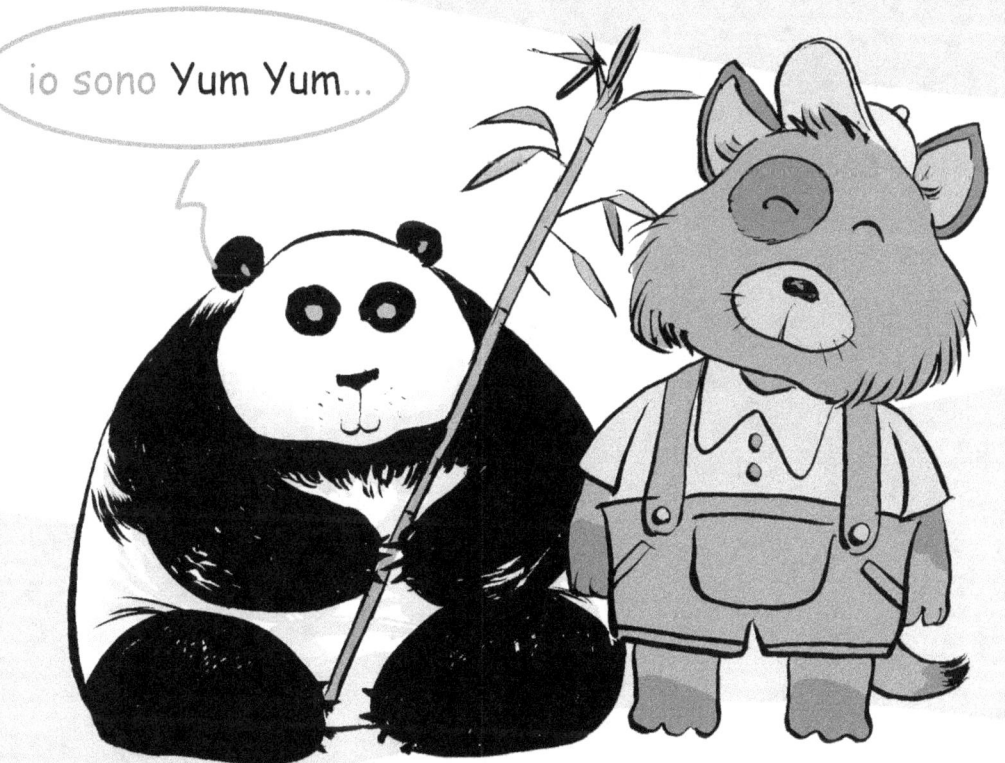

www.ingramcontent.com/pod-product-compliance
Lightning Source LLC
Chambersburg PA
CBHW070458220526
45466CB00004B/1870